Enfin libre !

Éditions du Rocher
28, rue Comte Félix Gastaldi
BP 521 – 98015 Monaco

www.editionsdurocher.fr

ISBN : 978-2-268-10240-5
EAN : 9782268103358

Asia Bibi
avec Anne-Isabelle Tollet

Enfin libre !

éditions du
ROCHER

À tous ceux accusés de blasphème,
toujours emprisonnés.

Ce n'est pas parce que les choses sont difficiles que nous n'osons pas, c'est parce que nous n'osons pas qu'elles sont difficiles[1].

Ce mercredi 31 octobre 2018, j'ai eu l'impression de flotter entre rêve et réalité lorsqu'à 5 h 47 du matin, je reçois un bref coup de fil d'Ashiq : « Good morning, Asia Bibi is free, congratulations ! »

Le grand jour tant attendu, enfin arrivé : Asia Bibi acquittée par la Cour suprême du Pakistan. Enfin !

Quelle joie incroyable ! Mais de courte durée : après trois jours d'une quasi-guerre civile provoquée par les islamistes, le gouvernement pakistanais a fait volte-face en signant un accord, le 3 novembre, avec les fanatiques religieux pour empêcher Asia Bibi de quitter le territoire avant qu'aboutisse une requête en révision de l'acquittement. J'avais beau savoir que le Pakistan était l'un des pays les plus imprévisibles que je connaisse, nous nous sommes retrouvés, avec sa famille, désemparés.

1. Sénèque.

Quelle désillusion ! Piquée au vif, me voilà renvoyée dans mes cordes mais pas au tapis. Après huit longues années d'inlassables efforts, ce n'était pas le moment de jeter l'éponge… Face aux islamistes triomphants, tout allait se jouer dans le dernier round. J'ai mis toute ma force, mon courage et ma détermination pour remporter ce combat par K.O.

Grâce à une mobilisation médiatique sans précédent de la presse nationale et internationale et avec l'aide des plus hautes autorités politiques, Asia Bibi sera finalement exfiltrée de sa prison dans la nuit du 7 novembre, avant de partir six mois plus tard pour l'étranger avec sa famille, elle aussi menacée de mort.

J'allais donc enfin pouvoir entendre et voir de mes yeux madame Asia Bibi. Je l'avais tant espérée, cette rencontre… Dès sa première condamnation à mort en novembre 2010, j'avais multiplié les requêtes auprès des autorités pakistanaises pour pouvoir lui rendre visite en prison, sans succès. Une Occidentale, et *a fortiori* une journaliste, ne devait pas relayer dans la presse mondiale cette sombre histoire qui ne faisait pas honneur au Pakistan.

Combien de fois me suis-je présentée devant sa prison de Shekhupura en me faisant passer pour une humanitaire ou déguisée en Pakistanaise, un sac d'oranges à la main, pour tenter d'amadouer des gardes pas toujours très scrupuleux… Ça n'a jamais marché ! Bien que menacée par les fanatiques, j'ai tenu à briser l'omerta afin que son histoire trouve un écho dans le monde entier.

Lorsque je me suis installée au Pakistan, en 2008, comme correspondante permanente pour une chaîne d'information continue, j'étais loin d'imaginer que je me retrouverais à mener cet improbable combat aux multiples rebondissements.

Tout a commencé un matin de novembre 2010. Je lisais la presse pakistanaise anglophone et je suis tombée sur une petite brève qui disait que la jeune chrétienne Asia Bibi venait d'être condamnée à mort pour blasphème. Selon l'article, elle avait insulté le prophète Mahomet. Immédiatement le pape Benoît XVI demande à la justice pakistanaise de revoir ce jugement et de faire preuve de clémence à son égard. Le pays s'embrase alors immédiatement, les influents partis religieux les plus radicaux organisent des manifestations dans tout le pays pour dénoncer l'ingérence de l'église catholique dans la république islamique du Pakistan. J'ai suivi ces manifestations où les extrémistes haineux exigeaient la pendaison d'Asia Bibi.

Pour les besoins de mes reportages, je me suis rapprochée de la famille d'Asia Bibi et leur ai promis de ne jamais les abandonner, même de retour en France et, jusqu'à aujourd'hui, ce lien ne s'est jamais rompu.

Depuis cet engagement, de l'écriture de ce premier livre, *Blasphème*[2], jusqu'à *La Mort n'est pas une solution*[3], je me suis attachée à faire de cette lutte contre l'obscurantisme

---

2. *Blasphème*, XO édition, mai 2011.
3. *La Mort n'est pas une solution*, Éditions du Rocher, mars 2015.

religieux un sujet non clivant, ni politique ni religieux. Ainsi, à travers le monde, j'ai obtenu l'adhésion de millions de chrétiens, mais aussi des communautés juive et musulmane. La question du blasphème étant hautement sensible, j'ai pris la liberté de m'adresser directement au pape François pour qu'il n'intervienne pas sur cette question qui risquait d'envenimer la situation au Pakistan. Le Saint-Père m'a entendue.

Cette bataille m'a aussi conduite à prendre la parole aux Nations Unies, à New York et à Genève. Le Parlement européen a fait voter une résolution de soutien à Asia Bibi. Les maires de Paris, Madrid, Bordeaux, Le Mans, La Flèche, La Brède ont été sensibles à mon appel : faire d'Asia Bibi la « citoyenne d'honneur » de leur ville.

Tour à tour, les présidents français Nicolas Sarkozy, François Hollande et Emmanuel Macron se sont adressés à leurs homologues pakistanais pour qu'ils défendent les valeurs de justice et de respect des droits de l'homme dans une société qui subit de plus en plus le fanatisme religieux.

Avec le Comité international Asia Bibi[4], l'association que j'ai créée en 2015, j'ai récolté de nombreux témoignages de soutien à travers le monde, qui, grâce à son mari, ont été relayés à Asia dans sa minuscule cellule. En retour, elle me faisait savoir que ces témoignages de sympathie lui permettaient de garder espoir, l'espoir de retrouver la liberté.

4. asiabibi.com

Asia Bibi est devenue, bien malgré elle, le symbole des dérives de cette loi du blasphème si souvent instrumentalisée pour régler des conflits personnels, via la diffusion de fausses accusations. Cette loi, qui n'épargne ni les musulmans ni les minorités religieuses, a été initialement instaurée par l'autorité coloniale britannique en 1860. Elle sera durcie en 1986 sous la dictature du général Muhammad Zia-ul-Haq, dans le cadre de ses initiatives pour islamiser la société. L'assassinat du gouverneur[5] du Pendjab, puis du ministre catholique des minorités religieuses, Shahbaz Batti, en 2011, ont étouffé toute tentative de débat et de réforme au sein du gouvernement, et les tensions autour de cette question se sont renforcées. Imran Khan, à cet égard, a fait preuve d'un grand courage en saluant publiquement la décision de la Cour suprême.

Enfin libre, dans un pays libre, je pensais que ce serait désormais facile de retrouver celle pour qui j'avais été le porte-voix et le porte-plume durant toutes ces années. Menacée de mort par les islamistes, Asia Bibi n'est plus en sécurité nulle part et il n'a pas été simple de la localiser au Canada.

Quand je me suis retrouvée avec un bouquet de roses blanches à la main devant la porte de sa maison, mon cœur battait à toute vitesse.

J'ai sonné mais la sonnette ne fonctionnait pas. J'ai frappé trois faibles coups sans obtenir de réponse. J'entendais des bruits de casseroles dans la cuisine, mêlés à une voix de femme qui parlait en ourdou. C'est elle, oui c'est elle, me

5. Salman Taseer, assassiné par son propre garde du corps.

disais-je ! J'étais embarrassée, intimidée, j'avais peur d'effrayer cette famille qui n'était pas censée recevoir de visites, car personne, pas même moi, ne devait connaître leur adresse. J'ai à nouveau frappé à la porte, un peu plus fort, cette fois, j'ai attendu quelques secondes avant d'appeler Ashiq. Je savais que le mari d'Asia Bibi m'identifierait immédiatement puisque je l'avais vu plusieurs fois au Pakistan mais aussi en France, en Espagne, et en Suisse. Notre première rencontre, je l'avais plutôt imaginée sur un tarmac d'aéroport comme lorsqu'un otage rentre...

La porte s'est enfin ouverte et Ashiq, que j'avais toujours connu en tenue traditionnelle pakistanaise, a fait irruption devant moi affublé d'un survêtement à la mode.

Accrochée à mon bouquet de fleurs comme à une bouée de sauvetage, j'étais décontenancée, Ashiq ne semblait pas me reconnaître mais sans un mot ni un sourire, il m'a fait signe d'entrer. Une fois à l'intérieur, il m'a prise dans ses bras. Par-dessus son épaule, j'ai aperçu une petite femme au visage rond avec de longs cheveux noirs attachés en queue de cheval. Asia Bibi m'a lancé un regard interloqué. J'avais du mal à réaliser qu'elle était bien là, en chair et en os... et que je me tenais devant elle. Ashiq a murmuré quelques mots en ourdou et le visage d'Asia s'est éclairé. Elle s'est blottie contre moi, et m'a enveloppée de toute sa douceur. Je n'en revenais pas : cette femme dont j'avais témoigné de la souffrance durant toutes ces années était enfin à mes côtés. Elle me serrait fort, comme le fait ma fille, en pressant sa tête contre ma poitrine. Asia semblait me considérer comme une amie ou un membre de sa famille, qu'on a peur de voir disparaître. J'étais soulagée et tellement émue.

— Merci merci pour tout ce que tu as fait pour moi. Si je suis libre et vivante, c'est grâce à toi avec le concours de Dieu. Tu m'as sauvé la vie, tu es un ange, ma sœur de cœur…

J'entendais le son de sa voix pour la première fois. Une voix qui ne tremblait pas et qui, malgré les épreuves et la souffrance, était puissante, vive, pétillante.

J'ai voulu prendre son visage entre mes mains, mais cela m'a paru trop familier et prématuré. J'ai donc placé mes deux mains sur ses épaules, et lui ai répondu en souriant affectueusement :

— Je t'attendais, Asia.

Puis ses deux filles, Eisha et Eisham, qui observaient jusqu'alors la scène, m'ont prise dans leurs bras devant le regard ému de leurs parents. Asia m'a alors invitée à m'asseoir en me proposant du thé pakistanais.

Sur le canapé de leur petit pavillon de banlieue, nous avons longuement retracé ces dix dernières années, tellement heureux et soulagés qu'elles soient derrière nous. J'ai demandé à Asia si elle était en bonne santé, elle m'a répondu d'un oui franc même si elle ressentait parfois quelques douleurs à la tête. J'étais frappée de voir à quel point ce petit bout de femme était forte, intelligente et courageuse.

L'acquittement d'Asia Bibi a déjà créé un précédent au Pakistan. Désormais, quiconque proférera de fausses accusations de blasphème sera, à son tour, lourdement condamné.

Sa libération est assurément une victoire totale et collective. Une chaîne humaine s'est déployée à travers le monde pour sensibiliser médias, politiques et ONG, et sans cette multiplicité d'engagements, cette mère de famille n'aurait jamais retrouvé ses enfants, privés de leur maman durant près de dix ans.

Si Asia Bibi peut à nouveau les serrer dans ses bras, les couvrir de baisers, c'est grâce à chacun de vous et, pour ça, je ne vous dirai jamais assez MERCI !

Anne-Isabelle Tollet

Dans le noir

L'avenir, c'est aussi la mémoire[1].

Je n'ai pas la mémoire des dates, mais il y a des jours qu'on n'oublie pas. Comme ce lundi 14 juin 2010. Je suis arrivée, avant que le soleil ne se couche, pour la première fois au centre de détention de Shekhupura, où j'ai passé trois années avant de changer de prison comme on change de maison. Je n'avais pas encore été jugée mais aux yeux de tous j'étais déjà coupable. Je me souviens de cette journée comme si c'était hier et quand je ferme les yeux, je revis chaque instant…

Mes poignets me brûlent, je peine à respirer. Mon cou, que ma toute dernière avait l'habitude d'enlacer de ses petits bras, est comprimé dans un collier de fer que le garde peut serrer à volonté avec un énorme écrou. Une longue chaîne traîne sur le sol crasseux, elle relie ma gorge à la main menottée du gardien qui me tire comme un chien en laisse. Au plus profond de moi, une peur sourde m'entraîne vers la profondeur des ténèbres. Une peur lancinante qui

1. Denys Gagnon.

me quittera jamais. À ce moment précis, j'aurais voulu me soustraire à la dureté de ce monde.

Dans mes sandales, fabriquées par le gentil cordonnier de mon village, mes chevilles encerclées par des menottes en cuir sont reliées par une chaîne étroite et tendue. Je manque de tomber à chaque pas. Tantôt debout, tantôt voûtée, je peine à avancer. Je suis aussi gênée par mes cheveux détachés. Mon foulard, je l'ai perdu lorsqu'on m'a jetée tel un sac de pommes de terre hors du fourgon de police qui me conduisait à la prison. Je me sens nue et mise à nu. Mes cheveux déliés cachent une partie de mon visage couvert de crasse et de sueur, et même si ça ne détonne pas dans le décor, j'ai l'air d'une fille de joie. Je grimace d'une douleur que le garde ignore puisqu'il ne prend pas la peine de se retourner pour me regarder de crainte de se « salir ». Brusquement, il accélère et tire sèchement sur la chaîne reliée à mon cou. Je m'étale de tout mon long mais il ne ralentit pas. Je suffoque et, pour ne pas m'étrangler, je cherche à me redresser précipitamment, pour lui réemboîter le pas.

Au loin, des gamelles se cognent les unes contre les autres. Je regarde de part et d'autre de cet interminable corridor mais je ne vois que des portes en bois fermées.

Je sursaute au cri d'une femme :

— À mort!

D'autres femmes enchaînent :

— Pendue!

— Pendue! Pendue!

Je comprends que ce sont les prisonnières parquées comme du bétail qui hurlent leur haine. Moi, pétrie de peur et pour échapper à ces cris funestes, je murmure des « hummmm » mâchoires serrées pour tenter de les couvrir. En vain. Dans ce long couloir blafard, je fixe une grosse mouche posée sur un des néons crasseux. Par vagues successives, les détenues frappent leur gamelle en cadence :

— La corde ! *clac, clac*... La corde ! *clac, clac*...

Le garde en chemise bleue s'arrête net devant la dernière cellule du couloir. Il se retourne pour la première fois, ses yeux globuleux me regardent d'un air satisfait. Sous son béret bleu marine, il ruisselle de sueur, ses aisselles suintent de larges auréoles humides. De sa poche, il sort un vieux chiffon avec un air sadique.

De nouvelles acclamations se font entendre :

— À mort, la blasphématrice ! Blasphème, blasphème, à mort !

— Vos gueules, hurle le gardien, fermez vos gueules les bonnes femmes !

Tout le monde se tait. Moi, je vomis du silence. Le garde dévisse mon collier de fer avec un chiffon dégoûtant en prenant garde de n'avoir aucun contact avec mes cheveux ni avec ma peau. Je grimace de douleur, baisse les yeux, puis porte la main à mon cou couvert d'hématomes.

L'air dégoûté, il me lance :

— T'es pire qu'un porc ! Je vais devoir me salir à ton contact, me cogner ta pourriture mais ça ne durera pas longtemps, Allah Akbar !

D'un coup sec, il me balance sa botte dans la rotule. Je m'effondre. (J'apprendrai quelque temps plus tard que ce garde avec qui j'allais passer trois ans s'appelait Khalil). Khalil se met à mon niveau pour me retirer les menottes des pieds. Les deux mains posées sur mon genou, je souffre en silence et le regarde avec crainte. Il ricane tout en libérant mes chevilles :

— La peine de mort ! Ouais, la mort, pour avoir insulté notre prophète ! Tu t'es prise pour qui, sale chienne ?

Silence de plomb.

Je me redresse difficilement sur un pied pendant qu'il ouvre la porte grinçante de ce qui deviendra mon chez moi. En riant de bon cœur, Khalil me dit :

— T'as entendu tes copines ? La prochaine fois que j'ouvrirai cette porte, ce sera pour te suspendre à une corde, inch'Allah !

Après avoir raclé ses bottes sur moi, il me pousse à l'intérieur de la cellule. La porte se referme sur son rire narquois.

Affalée sur le sol terreux de cette cellule sans espoir, je fixe la porte en pensant que cette épreuve est peut-être envoyée par Dieu.

Je vous dis tout

L'épreuve du courage n'est pas de mourir mais de vivre[1].

Me voici enfin dehors, libre !

Je ne supporte plus le silence. Même libre, le silence de ma prison me poursuit.

Le silence après avoir reposé la timbale d'eau quand j'ai étanché ma soif. Le silence froid et autoritaire qui scandait mes journées, avant d'entendre résonner dans ma tête les cris et les vociférations des foules en délire qui répétaient : « À mort la chrétienne ! »

La vie a pu reprendre son cours, enfin. C'est un vrai bonheur de retrouver mes enfants, mon mari, ma moitié. Je vois leurs visages s'éclairer tous les jours, le mien aussi. Je remercie Dieu de pouvoir les serrer à nouveau contre mon cœur qui se gonfle d'amour, d'innocence et de bonté. C'est un miracle.

J'ai prié sans relâche et c'est grâce à leur force et à leur amour intact que j'ai pu tenir tout au long de ces années.

1. Vittorio Alfieri.

Ils étaient la lumière dans les ténèbres, ils m'ont permis de surmonter mon désespoir.

J'ai cru longtemps que j'allais mourir pour un verre d'eau. Il s'en est fallu de peu. Moi, Asia Bibi, j'ai été condamnée à être pendue parce que j'ai eu soif. J'ai perdu une bonne partie de ma vie parce que j'ai utilisé le même verre que ces femmes musulmanes par 40 °C. Une eau servie par une chrétienne jugée impure par ses stupides compagnes des champs. Bien sûr ce n'était qu'un prétexte pour se débarrasser de moi, je n'ai pas de preuve mais j'ai des doutes sur la raison de cet acharnement. Le fait d'être chrétienne n'est certes pas un avantage, mais pour autant tous les chrétiens ne se font pas accuser de blasphème, heureusement, et puis, les musulmans n'y échappent pas non plus. Je crois avoir compris à travers mon histoire que tous les prétextes sont bons chez l'homme pour supprimer l'autre et le soumettre à sa propre volonté.

Si j'avais pu imaginer un jour qu'une simple timbale d'eau fraîche m'empêcherait de voir grandir mes enfants… ! J'ai passé exactement neuf ans en prison, neuf années à être humiliée et torturée parce qu'on a dit que j'avais blasphémé.

J'avais soif de justice et d'amour, mais dans mon pays, le blasphème, c'est le crime des crimes. Sur une simple accusation, les mollahs ne vous laissent jamais en paix.

Non, je n'ai pas blasphémé, jamais je n'ai blasphémé mais les fanatiques d'Allah se sont servis de moi pour semer la terreur dans mon pays. Comment imaginer que je deviendrais, à 54 ans, le symbole mondial de la lutte contre l'extrémisme religieux alors que je ne suis qu'une petite paysanne ?

À travers moi, c'est toute ma famille qui a été condamnée. Dans ma petite cellule sans fenêtre, je me suis souvent demandé pourquoi les fanatiques s'acharnaient ainsi. Durant toutes ces années, ils ont volé mon insouciance et tout espoir d'avenir.

Avec ma famille nous avions toujours été heureux au Pakistan. Nous sommes chrétiens, et même si nous ne pouvions pas exprimer notre joie de l'être, nous avons toujours respecté l'islam. Face au mollah de mon village qui a officiellement porté plainte contre moi, j'ai simplement refusé de renier ma foi en échange d'une libération immédiate. Je me suis longtemps demandé pourquoi Dieu m'imposait tant de souffrances. Je me suis battue longtemps contre l'obscurité de mon cachot en menant le combat de ma vie sans y avoir été préparée.

Accusée puis emprisonnée en 2009, j'ai croupi en prison pendant une décennie avant que cette saga judiciaire ne se débloque en octobre 2018 par un acquittement confirmé au début de l'année 2019. Mais devant les pressions politiques et populaires pour que je sois *mise à mort*, j'ai dû rester internée pour ma propre sécurité sept mois encore, un doute planant toujours sur mon avenir. Au cours des derniers mois, des rumeurs faisaient état de ma venue au Canada. Et c'est finalement au début du mois de mai que je suis bel et bien arrivée ici.

Quel tourbillon en dix ans.

Du fin fond de ma prison, je n'avais pas mesuré à quel point la communauté internationale me soutenait. Ma famille, mon avocat, me l'avaient pourtant dit : « Grâce à la journaliste française, le monde s'est intéressé au sort de la petite paysanne sans instruction. Des gens très importants se sont engagés pour te sauver. »

La journaliste française, c'est Anne-Isabelle Tollet qui est devenue ma sœur de cœur. Pendant neuf ans elle a remué ciel et terre et, grâce à elle, le monde entier a été ému par mon sort. Et puis, le fait qu'elle m'ait exposée dans les médias a permis à d'autres de prendre le relais et je leur dois ma pleine liberté aujourd'hui. Jusque-là demeurées dans l'ombre, je pense à deux personnes en particulier qui ont joué un rôle fondamental dans mon exfiltration. Sans l'intervention de Jan Figel, envoyé spécial pour la liberté religieuse de l'Union Européenne, et le Pakistanais Muhammad Amanullah, que je surnomme Aman, je serais encore sous la surveillance des gardes au Pakistan, loin de mes enfants.

Désormais libre et en vie, dans un pays libre, je réalise de plus en plus que mon histoire a bouleversé de nombreuses personnes. Je n'aurai pas le temps d'une vie pour remercier tous ceux qui m'ont apporté leur soutien durant toutes ces années. Je me demande souvent pourquoi ils l'ont fait, et ce qui pouvait bien les intéresser en moi. Des gens qui souffrent, il y en beaucoup… Dieu a sans doute entendu mes prières.

Ce livre, je l'ai donc écrit avec Anne-Isabelle qui connaît bien mon pays. Elle m'a aussi aidée à structurer mes pensées et à écrire, évidemment. Ce n'est pas comme si les mots étaient partis ailleurs, je ne les ai jamais connus. N'ayant pas fait d'études, je n'ai pas de prise sur eux, je suis analphabète, je ne parle pas l'anglais, ni aucune autre langue d'ailleurs que l'ourdou. Depuis quelques semaines, je prends des cours d'anglais tous les jours, grâce à mon ami Aman qui, depuis l'Australie, m'envoie des petites leçons que j'écoute sur mon téléphone. Aman a été contraint, lui aussi, de quitter son pays pour ne pas être assassiné par les islamistes pour apostasie. Depuis l'Australie, il continue à défendre des personnes accusées de blasphème et, comme moi, il ne peut plus retourner dans son pays.

Avant de quitter le Pakistan en 2018, sa famille a été attaquée par une foule en colère, sa sœur a été grièvement blessée et sa maison occupée. En 2014, mon avocat de l'époque m'avait parlé de ce musulman pakistanais qui défendait en même temps trois chrétiennes accusées de blasphème. Il s'était même fait passer pour le fiancé de l'une d'elles pour pouvoir lui rendre visite en prison. Je l'avais appelé au téléphone pour lui demander s'il pouvait m'aider et il l'a fait, en se rapprochant de l'avocat Saif-ul-Mulook pour le convaincre de me représenter devant la Cour suprême. Ce jeune musulman de 34 ans ne m'a jamais laissé tomber et aujourd'hui encore il me sert d'interprète quand je veux parler à Anne-Isabelle. On se parle tous les trois par téléphone, c'est très pratique et on rit beaucoup ensemble.

Depuis que j'ai quitté ma terre natale, et notamment grâce à lui, je prends conscience que beaucoup de rumeurs et de fausses informations ont circulé sur moi. Ce livre est l'occasion de rétablir quelques vérités.

Je m'appelle Asia Noreen, je suis la fille de Salamat Masih et je suis née en janvier 1965, dans le district de Nankana Sahib, dans la région du Pendjab. Sur ma carte d'identité pakistanaise, il est inscrit que j'ai un grain de beauté sur la joue droite et je l'ai toujours.

On me connaît sous le nom de Asia Bibi, mais en réalité Bibi est un surnom qui signifie littéralement *grand-mère*, en ourdou. Au fil du temps, c'est devenu un titre honorifique que l'on donne aux dames respectueuses, pures et pieuses. L'ironie du sort veut que mes deux accusatrices s'appellent aussi Bibi, comme d'ailleurs beaucoup de femmes au Pakistan. Aujourd'hui, j'ai changé d'identité pour que les fanatiques ne me retrouvent pas.

Mon identité se résume au statut d'exilée politique sous un faux nom dans un pays où il fait froid.

Officiellement je ne suis pas encore mariée à Ashiq, le père de mes deux enfants. Comme beaucoup de chrétiens pakistanais, Ashiq porte le nom de Masih et j'ai appris récemment que cela signifiait « le *messie* » en arabe.

Il a souvent été écrit à mon sujet que j'avais cinq enfants, parce qu'Ashiq, avant de me rencontrer, était marié avec Yasmine avec qui il a eu ses trois enfants. Sidra, sa deuxième fille, me ressemble beaucoup, et on a longtemps cru que c'était ma fille, d'autant qu'elle ne disait pas le contraire à l'étranger. Les enfants d'Ashiq, je les ai élevés et aimés comme mes propres enfants. Celle qui a toujours posé problème, c'est Yasmine. Elle n'a pas supporté que je tombe amoureuse d'Ashiq et n'a jamais accepté de divorcer tant que je n'étais pas libérée. Avec Yasmine, chrétienne également, nous avons vécu sous le même toit jusqu'à mon arrestation en juin 2009. L'ambiance était souvent houleuse et certaines personnes de mon entourage soupçonnent Yasmine d'avoir comploté avec Mafia, la voisine et mon accusatrice, pour se débarrasser de moi une bonne fois pour toutes. Nous n'avons pas de preuves et Yasmine nie en bloc, mais me voir emprisonnée et condamnée à mort ne semblait pas l'émouvoir.

Ma plume, Anne-Isabelle, et aussi mon porte-parole, a toujours trouvé que cette histoire était digne d'une pièce de Shakespeare.

Acte I : Ashiq et Yasmine obéissent aux lois du mariage arrangé. Ils auront un garçon, Imran, et deux filles, Sidra et Naseem.

Acte II : dix ans plus tard, Ashiq et Asia se rencontrent par hasard lors d'une fête de fiançailles. C'est le coup de foudre. Ashiq demande le divorce. Yasmine refuse.

Acte III : éperdument amoureuse d'Ashiq, Asia est prête à toutes les concessions pour vivre avec l'homme de sa vie. Elle accepte la proposition d'Ashiq de s'installer avec lui et sa femme, Yasmine. Mais ce ménage à trois rend Yasmine, moins jolie et plus âgée qu'Asia, jalouse. Elle a la haine au ventre et ne pleure jamais.

Acte IV : Asia, qui a toujours les faveurs d'Ashiq, donne naissance à deux filles, Eisha, lourdement handicapée, et, quelques années après, Eisham. Yasmine n'accepte toujours pas de se faire supplanter par la belle Asia. Les deux femmes se querellent souvent.

Acte V : Asia est jetée en prison suite à l'accusation de blasphème. Yasmine a Ashiq pour elle toute seule. Mais cette belle-mère qui élève les deux filles d'Asia se révèle fourbe et méchante avec elles.

Acte V : Asia Bibi acquittée, Yasmine accepte qu'Ashiq se marie avec Asia à condition qu'il lui offre une maison. Yasmine est restée vivre au Pakistan avec ses enfants, tous les trois majeurs et mariés. Ashiq, Asia et leurs deux filles vivent en exil en Occident pour ouvrir un nouveau chapitre de leur histoire.

Je suis convaincue que la loi du blasphème ne sera jamais supprimée. J'aimerais juste qu'on arrête d'y avoir recours à mauvais escient. Mon cas personnel a pu montrer que les politiques et la justice pouvaient faire preuve de lucidité sur ces dérives, et j'espère qu'ils continueront sur leur lancée. Mais avec ma libération, le climat ne semble pas avoir changé, et les chrétiens peuvent s'attendre à toutes sortes de représailles. Ils vivent avec cette épée de Damoclès au-dessus de leur tête. D'ailleurs, peu de temps après mon départ, mon ancienne cellule accueillait déjà une nouvelle chrétienne, Kausar Shagufta, une maman de quatre enfants âgés de 5 à 13 ans, condamnée à mort pour blasphème en première instance avec son mari Masih par un tribunal pakistanais, pour avoir envoyé des SMS blasphématoires. C'est l'imam d'une mosquée locale qui a porté plainte. Selon lui, Masih aurait envoyé des SMS insultant le prophète, écrits en anglais, avec l'aide de son épouse. C'est mon avocat Saif-ul-Mulook, qui les défend. Malgré les menaces qui pèsent sur lui, il veut continuer son combat auprès des victimes des lois sur le blasphème et c'est très courageux de sa part, surtout pour un musulman. Avec Saif comme avocat, je pense que cette chrétienne devrait pouvoir s'en sortir d'autant que, d'après ce que je sais, les époux sont analphabètes, ils auraient donc été incapables d'envoyer des SMS en ourdou, et encore moins en anglais. C'est une nouvelle accusation de blasphème absurde et si la vie des gens n'était pas brisée, on pourrait presque en rire.

Je prie pour ce couple et pour tous les autres accusés de blasphème tous les jours, et maintenant que je peux m'exprimer librement, je demande solennellement au Pakistan de réviser cette loi du blasphème qui a failli me coûter la vie. Personne ne devrait être considéré coupable s'il n'y a pas de preuve concrète.

Je prie aussi pour que les islamistes, qui vont me chercher toute leur vie, ne me retrouvent jamais.

Dans ce pays inconnu, me voici prête pour un nouveau départ, peut-être une vie meilleure ? Mais à quel prix ?

Mon cœur s'est brisé quand j'ai dû partir sans pouvoir dire au revoir à mon père ni aux membres de ma famille.

Le Pakistan est mon pays, j'aime mon pays mais je suis en exil pour toujours. Avant de m'envoler pour le Canada, ma première terre d'accueil, les autorités pakistanaises me l'ont très clairement signifié : « Votre mari et vos enfants pourront retourner au Pakistan dans quatre ans s'ils le souhaitent, mais vous, vous ne serez jamais autorisée à retrouver votre terre natale. »

Mon histoire, vous la connaissez à travers les médias... Vous avez imaginé mon calvaire, vous avez peut-être essayé de vous mettre à ma place pour comprendre ma souffrance... Mais vous êtes loin de vous représenter mon quotidien, et c'est pourquoi, dans ce livre, je vous dis tout.

Première condamnation à mort

Il faut souffrir pour comprendre la souffrance[1].

J'ai croupi plus d'un an dans ce trou noir avant d'être jugée pour la première fois. J'avais peur mais j'avais placé ma confiance en Dieu plutôt qu'en l'homme. Dieu est plus fort que la mort me répétais-je. Ce 8 novembre 2010, je me suis présentée seule devant le tribunal de Nankana Sahib. Ma famille ne pouvait être présente car c'était trop dangereux pour eux et nous n'avions pas les moyens de me payer un défenseur. Dans ce petit tribunal local, mes accusateurs me faisaient face : deux femmes et l'imam du village. J'avais remarqué aussi que trois mollahs avaient fait le déplacement rien que pour moi. J'ignorais à l'époque qu'ils étaient là pour signifier au juge qu'il avait intérêt à bien faire son travail sous peine de lourdes représailles. J'ai souvent pensé, depuis, que je n'avais pas su proclamer mon innocence, mais aujourd'hui, je sais que de toutes façons, quoi que je fasse, quoi que je dise, j'étais condamnée.

La mémoire me fait parfois défaut après neuf années passées à ne plus voir les étoiles, mais je garde un souvenir net et précis de ce que j'ai dit au juge ce jour-là.

1. Albertine Halle, *La Vallée des blés d'or*.

Je suis une femme mariée. Mon mari est ouvrier. J'avais l'habitude de travailler avec un groupe de femmes dans les champs de Muhammad Idree pour toucher un salaire quotidien. Le jour de l'affaire qui m'est reprochée, j'y travaillais. Deux d'entre elles, Mafia Bibi et Asma Bibi, se sont mises en colère contre moi à propos de l'eau que j'avais bue et que je leur avais portée : elles ont refusé d'y toucher sous prétexte que j'étais une chrétienne. Il s'en est suivi une vive discussion et de fortes paroles ont volé. Elles se sont ensuite rendues chez Qari Salaam, l'imam du village, dont elles connaissaient l'épouse. En conspirant avec lui, elles ont construit une fausse accusation, complètement inventée. Quand la police m'a interrogée, j'ai juré sur la Bible n'avoir jamais prononcé la moindre parole contre le prophète Mahomet ni contre le Coran, pour lesquels j'ai le plus grand respect. Mais la police a été complice en enregistrant leurs fausses accusations. Ces deux femmes ont voulu se venger.

Mes aïeux ont vécu dans ce village depuis la création du Pakistan. Et en ce qui me concerne, en plus de quarante ans, je n'ai fait l'objet d'aucune accusation de ce genre. Je ne suis pas instruite, il n'y a pas d'église dans mon village, je ne connais pas la religion islamique. Comment pourrais-je faire des affirmations inconvenantes contre le Prophète et le Coran ? Mon patron n'est pas non plus une personne neutre car il a des liens familiaux avec les femmes qui m'accusent.

Voilà comment j'ai crié ma vérité. Le juge à la longue barbe blanche a griffonné sur un petit cahier à carreaux, puis s'est adressé au mollah de mon village pour qu'il donne sa version des faits. Dans mon pays la parole des femmes ne compte pas, et même si le qari n'était pas présent lors de mon prétendu blasphème, il a menti en portant plainte contre moi :

L'accusée Asia Bibi ici présente dans le tribunal a déclaré devant moi et d'autres que le prophète Hazrat Muhammad – que la paix soit sur lui – est tombé malade un mois avant sa mort et que sur son lit, des insectes sont sortis de sa bouche et de ses oreilles. L'accusée a, en outre, déclaré que le prophète Hazrat Muhammad – que la paix soit sur lui – s'est marié avec Hazrat Khadeja Razi Anha par intérêt financier et qu'après avoir contracté ce mariage, il se serait débarrassé d'elle. Elle a ajouté que le saint Coran n'est pas un livre divin, puisqu'il a été écrit et compilé par vous, les musulmans.

À ces mots, j'ai alors découvert que, dans mon village, la méchanceté des habitants se répandait entre deux sourires. Il ne faisait plus aucun doute que j'étais victime d'une conspiration, de la bêtise et d'une méchanceté brutale.

Le juge a remercié le qari et annoncé qu'il allait se retirer quelques minutes. Je l'ai regardé s'échapper par une petite porte. Les deux policiers qui m'encadraient m'ont fait asseoir. Je comprenais son besoin de réfléchir et j'en étais heureuse. Il ne pouvait pas croire un instant que j'aie pu dire toutes ces horreurs… non, personne ne peut dire des choses pareilles dans mon pays sans risquer de se faire lyncher par la foule ou défigurer à l'acide. Dans cette salle, il n'y avait aucune présence rassurante et j'ai baissé la tête pour ne pas croiser les regards haineux du public. Je sentais tous ces yeux me percer, me poignarder, sans savoir encore qu'ils allaient désormais hanter mes nuits. Le juge est revenu au bout de cinq minutes et, sur le moment, cela m'a rassurée. J'avais bêtement pensé à l'époque que toute cette histoire était trop absurde pour que ce juge puisse croire un traître mot de ce que j'aurais prétendument dit sur le Prophète. J'ai profondément inspiré pour me donner du courage, le verdict allait être prononcé, et voilà qu'il a éclaté comme un coup de tonnerre :

Asia Noreen Bibi, en vertu de l'article 295 C du code pakistanais, la Cour vous condamne à la peine capitale par pendaison et à une amende de 300 000 roupies.

Ce verdict résonne encore aujourd'hui dans mes oreilles.

Le temps s'était arrêté, je ne pouvais plus bouger, je n'y croyais pas. Son coup de maillet m'avait conduit tout droit à la mort, alors que je ne voulais pas mourir. Je respirais la bouche grande ouverte, la tête hors de l'eau, comme si j'avais failli me noyer. Des larmes chaudes inondaient mon visage et rien ne pouvait plus arrêter ce déluge. Je cachais mes yeux dans mes genoux pliés pour engloutir ma douleur et ne plus assister à cette grande leçon de haine. Je me sentais seule, complètement seule. Ces gens que je ne connaissais pas ovationnaient le juge avec passion. Ils se réjouissaient de ma mort avec des cris de vie : « À mort la chrétienne, Allah Akbar. » Ils m'envoyaient des gifles cinglantes et humiliantes en me crachant leur mépris. Mon visage chauffait de colère et de honte. Pourquoi me détestaient-ils ? Pourquoi avaient-ils menti ? Qu'est-ce que ma vie ou ma mort pouvait changer à leur existence ? Je n'étais qu'une pauvre paysanne. Comment peut-on se féliciter de la mort de quelqu'un qui vous est inconnu ?

Les trois mollahs qui souriaient derrière leur barbe touffue ont été applaudis avec ferveur lorsqu'ils sont sortis du tribunal. Cette joie cruelle m'a accablée et glacée : à cet instant, ce dont j'étais sûre, c'est que je ne pourrais jamais triompher de la souffrance des autres.

J'avais naïvement cru que mon innocence serait reconnue puisque je n'avais rien fait. Je fermais les yeux, je priais dans mon cœur : *mon Dieu, Jésus, donnez-moi la force, je ne suis pas assez instruite pour comprendre la folie ordinaire*... Un « Bouge-toi ! » est brusquement venu interrompre mes pensées. Les policiers m'avaient saisie par le bras sans ménagement. Ils craignaient que la foule devienne incontrôlable et m'ont fait sortir par la porte de derrière avant que je ne sois lynchée sur place, ce qui arrive encore souvent dans mon pays. Ici, quand on est accusé d'avoir profané le Prophète ou le Coran, on peut mourir sous les hurlements de la foule.

Dans la fourgonnette qui me ramenait à la prison, on m'a enchaînée comme si j'étais une bête furieuse. J'étais pourtant arrivée au tribunal sans être attachée. Mais je lisais dans leurs yeux secs que j'avais désormais moins de valeur qu'un animal. Le verdict avait fait de moi une pestiférée. J'étais pire qu'impure, pire que le diable, pire que s'ils avaient attrapé la gale. J'ai tordu mon cou pour tenter de croiser le regard d'Ashiq à travers la fenêtre du véhicule car je le savais caché quelque part, pas loin. Sa bonté, son amour, son soutien, j'en avais tellement besoin pour me donner la force de retourner affronter la prison.

Lors de sa dernière visite, on avait décidé, ensemble qu'il n'assisterait pas au procès, que c'était mieux comme ça. Plus sûr ! La foule risquait de s'en prendre à lui. Il m'avait promis de prier pour moi tout le temps du procès, et de rester tout près :

— Asia, je serai là dehors, tout le temps. Tu ne quitteras ni mes pensées, ni mon cœur. Je prierai aussi pour te donner du courage. Tu seras bientôt de retour à la maison…

Et moi, si bête et si pleinement confiante :

— Bien sûr que nous serons bientôt réunis. Les juges ne peuvent que reconnaître mon innocence puisque je n'ai rien fait. J'ai hâte de vous serrer dans mes bras, les enfants et toi.

Ashiq m'avait souri, et son doux visage s'était illuminé :

— Oui c'est bientôt fini. Après un an dans cette prison, il est enfin temps que tu reviennes parmi nous. Les enfants et moi avons prévu de te faire une belle fête. Ils sont fous de joie à l'idée de te retrouver, tu leur manques tant. Mais tu sais, nous ne pourrons plus jamais retourner à Ittan-Walli. Ce serait trop dangereux… C'est triste de perdre notre maison, ajoutait Ahsiq, le regard abattu, mais dans notre village nous sommes perçus comme des parias, c'est désormais impossible pour nous de retrouver notre vie d'avant. Tu sais, ils ont tous été menaçants contre moi aussi, même nos plus proches voisins.

— Oh Ashiq, la joie d'être bientôt libre, de retrouver la chaleur des miens est la seule chose qui compte. Tant pis pour le reste…

C'est ainsi que nous imaginions déjà notre vie nouvelle. Nous étions tous les deux persuadés que je serais libre d'ici peu. Et cette perspective apaisait nos cœurs. La prison serait bientôt loin derrière.

Elles ont été cruelles, les heures qui ont suivi ma condamnation à mort… De retour dans mon cachot, je suis restée prostrée pendant des heures, avec un grand vide dans la tête et le cœur. Je n'avais même plus de larmes. J'avais déjà tout pleuré. Hébétée, je fixais le mur crasseux près de la porte, lorsqu'un rat goguenard s'est arrêté devant moi, comme pour me dire de reprendre mes esprits. Je l'ai regardé me regarder.

— Tu te rends compte, lui ai-je dit, ils veulent tous me voir mourir pour quelque chose que je n'ai pas fait. Me voir pendue au bout d'une corde... c'est affreux ! Et en plus je dois payer une amende de 300 000 roupies. Mais je n'aurai jamais assez de toute une vie pour réunir une telle somme. Faut-il donc payer pour mourir, pour être enterrée, pour sortir du purgatoire ou entrer au ciel ?

Seigneur, pourquoi m'éprouvez-vous comme ça ? Donnez-moi la force de ne pas fléchir. Je me remets entre vos mains dans cette épreuve. Je vous fais confiance, mais ne m'abandonnez pas. Bénissez-moi et soyez une lumière pour Ashiq et pour nos enfants. Aidez-nous à garder un cœur aimant et croyant. Ne laissez pas le doute nous envahir.

J'étais innocente et, normalement, les juges sont là pour protéger la vérité. Juste avant leur décision, ils m'avaient fait apposer le pouce sur des documents mais, ne sachant pas lire, j'avais bêtement cru en la justice des hommes. Je me disais que des personnes importantes comme les juges ne pouvaient être que du côté de la justice et que tous ces papiers allaient m'aider à sortir de prison, et vite. Petit rat, pourquoi les hommes sont-ils si cruels ? Pourquoi détestent-ils ceux qui ne croient pas comme eux ? On peut bien avoir une religion différente et vivre sans se détester. J'ai toujours respecté l'islam et toujours fait attention à ne pas heurter les croyances des autres. Si tu avais vu la tête de Mafia lorsque le verdict a été prononcé. Ses cris de jouissance résonnent encore dans ma tête comme les cloches d'une cathédrale, comme si sa vie dépendait de ma mort. Mais en me condamnant, ils devenaient tous des assassins, car on ne tue pas ceux qui n'ont rien fait. Ce n'est pas ce que nous enseigne la religion. D'ailleurs, même si je ne sais pas grand-chose du Coran, je me souviens que mon avocat (celui qui m'a permis d'être libre aujourd'hui) avait cité ce verset du Coran devant la cour Suprême :

Celui qui tue une âme innocente, tue l'humanité tout entière[2].

Allah n'était donc pas d'accord avec ce jugement et il le savait, lui, que j'étais innocente. Même ignorante du monde au-delà du Pakistan, j'avais entendu à la télévision que, dans beaucoup de pays, la peine de mort n'existait plus parce qu'elle était jugée barbare. Et là où elle était maintenue, c'était pour des crimes de sang abominables. Chez moi, la loi voulait me tuer, mais cette peine de mort ne faisait que transformer les accusés en victimes, et le juge, ainsi que ceux qui le soutenaient, en assassins.

Ô Marie très aimante, répandez votre tendresse sur mes enfants qui n'ont plus de maman ! Notre Père qui êtes aux cieux, Sainte Vierge pleine de grâce, je crois en vous.

Le rat a remué sa tête de droite à gauche puis s'est arrêté, immobile, comme s'il m'écoutait sérieusement. À la fin de ma prière, il a poussé un petit cri et a disparu comme il était arrivé, par un trou du mur.

---

2. Coran : sourate 5, verset 32.

J'avais tellement l'espoir de quitter cet endroit qui me tuait à petit feu... Les yeux fixés au plafond, j'essayais de comprendre la cruauté du cœur humain. Peu de temps avant d'être jugée, un procureur, Muhammad Amin Bokhari, était venu me voir en prison. Il avait l'air gentil et me disait qu'il voulait m'aider. En fait, je réalise après coup qu'ils cherchaient tous à me tendre des pièges. Dès le début, tous souhaitaient ma mort.

Pendant plus d'une heure, je lui avais raconté ce jour maudit de la cueillette et la rage des femmes déclenchée pour rien. J'avais tout expliqué en détail, en lui répétant plusieurs fois que je n'avais commis aucun blasphème. Il m'avait rassurée par de belles paroles et un grand sourire calme. Il m'avait dit que si j'étais innocente, je serais entendue et qu'il était là pour préparer le procès en écoutant ma version. Lui, il était faux, il était fourbe et je m'étais fait berner.

Depuis, je réalise que ma nature profonde a changé. J'ai perdu mon innocence et, même libre dans un pays qui me veut du bien, je me méfie de la gentillesse des inconnus. Si quelqu'un que je ne connais pas me parle avec bonté, je me demande quelle méchanceté il cache. Je ne voulais pas être comme ça, je le regrette mais je le suis devenue.

Je n'aurais pas dû lui raconter, à ce procureur, les semaines qui ont précédé la cueillette quand je me suis disputée avec le chef du village et avec ma voisine Mafia, celle qui m'a accusée de blasphème avec sa sœur.

Comme j'avais souvent l'habitude de le faire, je gardais des buffles d'eau. Il y en avait six. C'est un travail que je connaissais bien et que je faisais de temps en temps.

On devait me donner 100 roupies[3] pour ça. Mais ce jour-là, l'un des buffles avait perdu la tête. Il s'était arrêté, refusant net d'avancer avec le reste du troupeau. J'avais tiré la corde de chanvre tressée de toutes mes forces, je l'avais poussé, mais plus je m'agitais et plus il s'excitait. Et puis le buffle était devenu incontrôlable, presque enragé. Il était parti dans tous les sens dans une course folle. J'avais tout fait pour le retenir avec le peu de forces qui me restaient en glissant sur les talons, mais mes mains brûlaient au point que j'avais dû lâcher la corde et je m'étais retrouvée les fesses par terre. J'avais tenté de le rattraper, mais j'étais arrivée trop tard, l'animal avait détruit la mangeoire en bois de Mafia. Elle était sortie de chez elle à ce moment-là, le visage plein de colère. Elle m'avait crié dessus très fort et m'avait dit que j'allais le payer cher. Et elle avait raison, je l'ai payé cher.

D'un air très sérieux, le procureur écrivait vite et sans rature. Je regardais les feuilles de son cahier se noircir d'encre et cela me rassurait. Puis redressant à peine la tête, il m'avait demandé avec des yeux suspicieux :

— As-tu répondu quelque chose à ta voisine, alors ?

— Oh non, monsieur, je n'ai rien dit de désagréable. J'étais très embêtée même si ce n'était pas ma faute. Je lui ai demandé pardon. Je lui ai même proposé que mon mari vienne réparer la mangeoire. Puis je suis rentrée chez moi en ayant quand même empoché les 100 roupies.

— C'est bien, Asia. Veux-tu me dire autre chose ?

— Non, monsieur, je vous ai tout dit. Je ne sais pas pourquoi ces femmes racontent tout ça, mais je vous

3. 60 centimes d'euros (0,85 dollar canadien).

assure que je n'ai insulté personne. Je n'ai pas blasphémé. Je respecte les musulmans et toute ma vie je me suis toujours tenue loin de ces histoires…

Avant de quitter le bureau du directeur de la prison où le procureur m'avait interrogée, il s'était retourné en me disant : « Tu as bien fait d'avoir parlé. Dieu est ton juge à présent… »

Quelle comédie ! Je tournais en rond dans mon petit cachot comme un maudit poisson rouge à qui on jetait deux fois par jour de la nourriture comme s'il fallait m'engraisser avant de me tuer.

Oh ! mon Ashiq, tu dois être désespéré. Toi aussi tu y croyais tellement. Où es-tu ? Que fais-tu ? As-tu expliqué cette affreuse décision à nos enfants ? Ont-ils compris qu'ils ne reverraient plus jamais leur maman ? Le Dieu que je connais est bon et miséricordieux.

« *Pas de circonstances atténuantes* », avait dit le juge des hommes. Mais pourquoi devait-on me trouver des excuses ? Mon seul tort était celui d'être chrétienne et d'avoir voulu défendre ma religion. Mais jamais je ne pourrais dire du mal d'une autre religion. De quelles preuves solides parlait-on ? Mafia et sa sœur avaient menti, et le mollah y avait cru, à leurs ragots de vipères aigries. Non, décidément, on n'emmène pas les gens à la mort pour ça.

La cueillette

La haine, c'est l'hiver du cœur[1].

Toutes ces pensées s'agitaient dans ma tête quand les portes des cellules ont résonné, comme tous les matins, des coups annonciateurs de la promenade. C'était une toute petite distraction dont je serais ensuite privée durant des années, en étant condamnée à rester terrée entre quatre murs, comme le petit rat qui vient me rendre visite de temps en temps… bien que ce rat ait plus de liberté que moi puisqu'il pouvait se faufiler partout. Khalil affichait un sourire encore plus méchant que d'habitude. Seulement là, je ne me sentais pas assez robuste pour sortir. Avec du recul, je réalise que Khalil ne m'a jamais parlé, il crachait ses mots haineux et méprisants :

— Tu vas bientôt te balancer au bout d'une corde et c'est bien fait pour toi. Les chrétiens sont des chiens et tu vas payer pour avoir osé salir notre Prophète.

Il s'est approché comme s'il voulait étudier mon visage :

— Mais tu vas te bouger, oui !

1. Victor Hugo, *Les Contemplations.*

Je me sentais plus faible que jamais. Mes jambes n'avaient plus la force de me porter. Le verdict, la mort, entendre ces gens m'insulter, me détester, me rabaisser… Je ne voulais plus affronter d'autres méchancetés.

— Est-ce que je peux rester dans ma cellule, s'il vous plaît ?

Khalil est devenu enragé.

— Pour qui tu te prends ? Tu n'es rien et tu n'as rien à décider.

Le ton de sa voix m'a fait l'effet d'une gifle et, en me hissant hors du lit, j'ai trébuché avant de m'effondrer. Khalil m'a donné un grand coup de pied, m'obligeant à me relever, j'étais à bout de forces.

Dehors, l'air chaud m'a saisie et, étonnamment, m'a fait du bien. C'était comme respirer un peu de vie. Les femmes me regardaient de loin et chuchotaient entre elles. Certaines me lançaient de mauvais regards et ne me laissaient pas les approcher. Elles savaient déjà que le juge m'avait condamnée et, pour elles, j'étais devenue la brebis galeuse de cette prison. J'entendais des murmures de toutes parts, j'ai même baissé les yeux lorsqu'une femme m'a adressé la parole avec douceur :

— Bonjour, je suis Bouguina. Je viens d'arriver ici. Comment t'appelles-tu ?

C'était bien à moi qu'elle s'adressait. Entendre la bonté de sa voix m'a fait monter les larmes aux yeux. Je n'avais plus l'habitude mais je savais bien que, lorsqu'elle saurait qui j'étais, elle me traiterait comme les autres.

— Je m'appelle Asia. Je suis chrétienne et on vient de me condamner à mort pour blasphème. Tu ne devrais pas rester près de moi, car les autres vont te le faire payer.

Bouguina m'a souri gentiment :

— Les autres feront bien ce qu'elles veulent. Es-tu coupable de ce blasphème ?

— Dieu m'en garde. Je n'ai fait que boire dans le même gobelet d'eau que des femmes qui cherchaient à me nuire. Elles ont dit que j'avais rendu l'eau impure et ont monté tout le monde contre moi en utilisant ce prétexte et en racontant des mensonges pour que je sois enfermée.

— Je suis musulmane et je partage ma vaisselle sans problème avec des chrétiennes. C'est injuste. Ils t'ont vraiment condamnée pour ça ? Comment est-ce possible ?

***

Ma vie a basculé le 14 juin 2009, il y a plus d'un an maintenant... Il faisait très chaud et la terre était craquelée par la sécheresse. Comme chaque année, je m'étais inscrite à la grande cueillette de fruits rouges pour gagner quelques roupies.

Le dimanche, mon mari Ashiq, qui était ouvrier dans un atelier de briques, ne travaillait pas. C'était son seul jour de repos bien mérité, tant son travail était difficile et fatigant. J'étais très fière que mon Ashiq fabrique des briques. Son patron l'était aussi et répétait tous les matins à ses employés :

— Vous êtes les piliers de la construction grâce aux briques que vous confectionnez toute la journée, vous participez à la construction et à la grandeur du Pakistan, « Pakistan Zindabad[2] » !

Quand j'étais sur le point de quitter la maison, il dormait encore à poings fermés avec nos deux filles qui, elles aussi, étaient fatiguées après une longue semaine d'école. En passant la porte, je les avais regardées, attendrie, en remerciant Dieu de m'avoir donné une si belle famille.

Si tu savais, Bouguina, comme elles me manquent…

Bref, cette cueillette devait me rapporter 250 roupies, et pour nous, qui n'étions pas riches, cet argent représentait suffisamment de farine pour faire des chapatis et nous nourrir durant une semaine entière. Sur place, des dizaines de femmes étaient déjà au travail. Accroupies, pliées en deux, le dos courbé, je me disais que, par cette chaleur, la journée promettait d'être éprouvante, et ce n'était rien de le dire. Quelques femmes avaient sorti la tête des buissons pour me saluer, et j'avais reconnu Mafia, ma voisine. Elle habitait juste en face de chez moi. Je la voyais toujours, à travers son portail vert, piquer dans sa cour sur sa vieille machine à coudre au milieu de ses poules. Une femme aux vêtements raccommodés s'était avancée vers moi sans hésitation, une bassine vide à la main :

2. « Longue vie au Pakistan ! »

— Si tu remplis la bassine, tu auras tes 250 roupies. Mais tu dois cueillir uniquement les fruits lorsqu'ils sont rouges et entièrement mûrs, sinon ça ne compte pas.

En regardant l'immense récipient je me disais que je n'aurais jamais terminé avant le coucher du soleil. Je me rendais compte aussi, en regardant les bassines des autres femmes, que la mienne était plus grande. C'était une manière de me signifier que j'étais chrétienne et que je valais moins que les autres.

Tu ne le sais peut-être pas, Bouguina, mais les chrétiens sont souvent moins payés que les musulmans pour accomplir la même tâche. Par chance, Ashiq n'était pas victime de cette injustice et gagnait autant que les ouvriers musulmans.

Cette chaleur me coupait le souffle ! Ma gorge était si sèche que j'arrivais à peine à décoller mes lèvres et ma langue semblait avoir doublé de volume. Malgré cette fièvre, les femmes continuaient leur ouvrage sans faire de pause. Peut-être que cette tâche, monotone, répétitive et si minutieuse, les aidait à oublier la soif ? Je me suis approchée du puits, l'eau fraîche et brillante chantait comme une douceur de fête. J'ai rempli la timbale cabossée qui était là, posée sur le rebord, et j'ai bu à grandes gorgées. Le liquide frais coulait dans ma gorge comme une délivrance et mes forces revenaient petit à petit.

Encore un autre verre pour me donner de l'entrain, ai-je pensé. J'étais si heureuse de pouvoir améliorer le quotidien de ma famille avec les 250 roupies que j'allais empocher. C'était si rare ! Puis j'ai entendu siffler « haram[3] ». Je connaissais la signification de ce mot, et j'ai compris qu'il m'était adressé. J'ai levé les yeux. Interrompant leur ouvrage, les femmes me fixaient. Mon regard a croisé les yeux pleins de haine de Mafia qui avait apostrophé la femme à mes côtés.

— Ne bois pas cette eau. Maintenant, elle est souillée. La chrétienne a rempli notre gobelet plusieurs fois, elle a posé dessus ses lèvres impures. Par sa faute, l'eau est haram et on ne peut plus boire.

En un sursaut, la femme s'est éloignée de moi comme si j'allais la contaminer d'une grave maladie, et moi j'étais horrifiée. Mafia entraînait les autres, elle les excitait. J'entendais des « haram » pleins de colère fuser de toutes parts. Pourquoi autant de méchanceté ? Je me sentais rabaissée sans raison et attaquée dans ma foi, dont je suis si fière. Ça m'a serré le cœur et instinctivement je me suis redressée pour me défendre.

— Aimez-vous les uns, les autres, c'est ce que nous enseigne Jésus. Je suis sûre que votre Prophète Mahomet serait d'accord avec lui.

3. Impur.

Mon audace a d'abord figé mes compagnes, avant d'enflammer leur colère, déclenchée par la sournoise Mafia :

— Chienne de chrétienne, ta bouche ne devrait même pas prononcer le nom du Prophète.

Les femmes m'encerclaient, hurlantes :

— Ton Jésus n'est qu'un chien lui aussi, un bâtard sans père. Mahomet avait un père nommé Abdullah qui l'a reconnu. Les chrétiens sont eux aussi tous impurs, ils ne valent rien. Tu as souillé notre eau et tu oses parler pour notre Prophète. C'est un crime, et si tu ne veux pas payer pour ça, tu dois te convertir à l'islam.

— Quitte donc ton mari et épouse un musulman ! lançait une autre.

Bouguina semblait abattue par mon récit et soupirait en écartant des mouches.

J'étais abasourdie, blessée. Jésus est rempli d'amour, et l'entendre calomnié, injurié de cette façon…

— Pourquoi devrais-je me convertir à votre religion ? Ma foi est profonde et je refuse de la renier. Tout ce que vous dites sur Jésus est faux. Ma religion nous enseigne à respecter tout le monde, avec nos différences. Et je suis sûre que votre Prophète serait d'accord avec ça.

Emportée par mon indignation, j'avais ouvert mon cœur et oublié un instant que la minorité dont je faisais partie devait se taire.

La foule grondait comme le tonnerre, la colère a explosé en haine lorsque l'assemblée de femmes s'est jetée sur moi. Ce tourbillon de violences m'étourdissait. Au milieu des coups, des crachats, j'entendais leurs insultes et leur désir de me détruire :

— Sale putain ! Toi et ta famille, vous méritez de crever et de servir de nourriture aux cochons. Tu n'es rien et tu oses prononcer le nom de notre Prophète. Tu vas payer pour ça…

Les coups pleuvaient de plus en plus fort. J'étais à terre, je n'étais que douleur et tristesse.

Bouguina ne disait plus rien, elle semblait honteuse que ses frères musulmans puissent agir ainsi.

Tu sais Bouguina, c'est douloureux pour moi de te raconter tout ça, j'ai tant voulu effacer cet épisode de ma vie que ma mémoire me fait parfois défaut. Je me souviens qu'aucun de mes membres n'a été épargné par les coups mais j'arrivais encore faiblement et avec entêtement à me défendre :

— Mais je n'ai rien dit de mal.

Mon obstination à ne pas me soumettre les enrageait encore plus, surtout Mafia qui n'en finissait plus de déverser sa rage en encourageant les autres à me battre. Puis, par je ne sais quel miracle, je suis parvenue à m'extirper et à m'échapper de leur cercle cruel. Je me suis enfuie jusqu'à chez moi, les yeux pleins de larmes et le cœur noyé de peine.

Ashiq œuvrait à huiler le verrou du portail lorsque je suis tombée dans ses bras, tremblante et muette de sanglots. Sa douceur, sa patience m'ont lentement permis de retrouver un semblant de calme et de chasser la peur pour un temps. Pelotonnée dans le lit où j'avais trouvé refuge, je lui ai tout raconté : la soif, le gobelet, les accusations injustes d'avoir rendu l'eau impure, les injures, le mépris, les coups.

Les mots étaient sortis seuls sans que je réalise dans quel engrenage infernal ils allaient nous précipiter. Aujourd'hui je regarde avec indulgence celle que j'étais alors. Est-ce que j'aurais dû me taire ? Est-ce qu'un verre d'eau et la fierté valaient ces années de souffrance ? Bien sûr que, si j'avais su, j'aurais laissé dire, je n'aurais pas ouvert la bouche, mais d'un autre côté je suis fière de ne pas avoir renié ma religion, d'avoir été forte et fidèle à ma foi.

Dans ce pays étranger, me voici face à un nouveau départ, à une vie sans doute meilleure, Mais à quel prix ? Est-ce la volonté de Dieu d'éprouver ceux qui l'aiment ?

Ashiq m'a bercée longuement comme une enfant, et je le sentais prendre ma peine :

— N'y pense plus. Je suis sûr que demain, elles auront oublié et seront déjà passées à autre chose.

Le pauvre, s'il avait su dans quel enfer nous allions nous embarquer.

Il m'arrive aussi parfois de me sentir coupable d'avoir fait vivre tout ça à ma famille.

Sur l'instant, sa tendresse et mes larmes ont lavé mon âme, même si j'entendais encore résonner les paroles de haine grimaçante de toutes ces femmes. Les mots réconfortants du père de mes enfants me parvenaient de plus en plus faiblement et me berçaient. Les pleurs et le choc ont finalement eu raison de mon corps épuisé et je me suis endormie tout contre Ashiq.

— Ton histoire est épouvantable Asia… Et ils t'ont condamnée à mort pour ça ?!

Dans ce monde de cruauté, cela me faisait tant de bien de rencontrer quelqu'un qui avait des réactions normales…

Le lendemain, les femmes ont raconté à la femme du mollah du village que j'avais blasphémé contre l'islam. Le mollah l'a annoncé dans les haut-parleurs de la mosquée ; ainsi tout le monde était au courant. Les villageois se sont rassemblés autour de ma maison en criant qu'il fallait que je me convertisse. Et c'est au bout de cinq jours que le mollah du village, accompagné de Mafia et sa sœur, est venu me chercher dans ma propre maison. Mafia affichait un air suffisant, m'exprimant tout son dégoût. Habitée de vengeance, elle criait : « Il faut la tirer comme une sale bête à travers tout le village, la corde autour du cou ! »

La foule enragée m'a traînée dans la maison d'un voisin musulman. Puis un jeune homme élégant, le menton ourlé d'une grande barbe noire, a fait irruption dans la petite cour de sa maison, c'était le mollah de mon village :

— On m'a rapporté que tu avais insulté notre Prophète, est-ce que c'est vrai ?

— Je vous en supplie ! l'ai-imploré. Je n'ai rien fait, je n'ai rien dit de mal !

Le qari à la longue barbe bien peignée s'est alors adressé à Mafia :

— A-t-elle dit du mal des musulmans et de notre saint Prophète Mahomet ?

— Oui, elle a été injurieuse, a rétorqué Mafia, mais je ne peux pas répéter ce qu'elle a dit sinon je commettrais à mon tour un blasphème.

— C'est vrai, elle a insulté notre religion, a renchéri sa sœur.

— Je vous en prie, je n'ai rien dit de mal sur le Prophète, j'ai juste refusé de me convertir. J'ai le droit de garder ma religion.

Mafia la couturière s'est exclamée :

— Asia a commis un grave péché ! Ce jour-là, elle a dit des choses terribles sur l'islam. Nous, on n'a pas essayé de la convertir, elle s'est énervée toute seule parce qu'on lui a fait remarquer qu'elle n'aurait pas dû boire dans notre verre.

— C'est parce qu'elle est chrétienne ! s'est alors écriée sa sœur. C'est interdit par la religion de boire dans son verre !

— Le mollah n'avait pas fait de commentaire mais toi qui es musulmane, Bouguina, est-ce vrai que j'ai souillé le verre ?

— Les musulmans ici n'aiment pas partager leur vaisselle avec les chrétiens. Ce n'est pas écrit dans le Coran, et c'est mal de se comporter ainsi. Mais les mollahs, en général, ne disent pas le contraire, car c'est un tabou culturel. Les gens les accuseraient d'être infidèles !

— Tu mens, assénait le mollah. Tout le monde dit que tu as commis ce blasphème, c'est une preuve suffisante. Les chrétiens doivent se conformer à la loi pakistanaise, qui interdit toute remarque désobligeante à l'égard du Saint Prophète. Comme le Prophète ne peut pas se défendre, nous allons le venger et porter plainte au commissariat de police sauf si tu te convertis à l'islam.

Puis deux policiers sont arrivés. Ils m'ont jetée dans leur véhicule sous les ovations du village en colère. Quelques minutes plus tard, j'étais en face d'un policier au commissariat de Nankana Sahib qui attendait les auteurs de la plainte pour m'interroger. Le mollah, Mafia et d'autres femmes, avaient expliqué au chef de la police que j'avais insulté le Prophète.

Après avoir rédigé le procès-verbal, le policier s'est tourné vers moi :

— Qu'est-ce que tu dis de tout ça, toi ? Tu as blasphémé ?

— Non, je n'ai pas blasphémé.

— Donc tu reconnais avoir blasphémé ?

— Je suis innocente, ayez pitié ! Je vous demande pardon.

— Accepte l'islam et tu seras libre, épouse quelqu'un d'autre et tu seras libre, quitte ta famille et tu seras libre, radotait le policier.

— Mais non, non, je ne veux pas quitter ma famille ni changer de religion.

— Tant pis pour toi, la plainte est déposée et c'est la justice qui décidera. En attendant d'être jugée, tu iras dans la prison de Shekhupura.

J'ai appris plus tard que mes deux filles avaient, elles aussi, été battues et qu'on leur avait fait boire de l'urine. C'est atroce.

— Oh Asia, ton histoire me donne des frissons et me révolte.

Son ton mêlé de douceur et d'indignation m'a réchauffé le cœur. Voilà enfin quelqu'un qui avait du bon sens et qui me comprenait. Je lui ai pris les deux mains avec ferveur en murmurant : « Merci… »

***

C'était déjà l'heure de retourner dans nos cellules. La cloche a sonné et le garde nous a poussées sans ménagement à l'intérieur. Bouguina a serré mes mains et m'a dit dans un sourire :

— Asia, garde l'espoir. Dieu ne t'abandonnera pas. Tu n'es pas encore morte et tout peut arriver. La prière est une lumière.

Je l'ai regardée s'éloigner, presque heureuse d'avoir trouvé une amie dans ce lieu proche de l'enfer… Tu avais raison, Bouguina… Tout peut arriver. Il aura fallu dix ans mais je suis libre. Je suis près de mon cher Ashiq et de mes enfants. Je n'aurais jamais cru que cela puisse être possible.

Désormais loin du Pakistan, je repense à tes mots, Bouguina. Tu m'as donné la première lueur d'espoir. Je ne t'oublierai jamais.

Être chrétien au Pakistan

Les minorités ont le droit d'avoir tort. Elles sont violentes, pourquoi ? Parce qu'elles sont faibles. Les majorités sont condamnées à avoir toujours raison[1].

Avant d'être jetée en prison, je ne connaissais presque rien en dehors de mon village. Dans mon monde, les chrétiens vont rarement à l'école, et comme j'ai grandi à la campagne, je ne voyais rien d'autre que les champs et mes voisins musulmans qui travaillaient la terre. Je ne suis pas instruite mais j'ai vite compris qu'eux non plus n'étaient pas plus renseignés que moi. Eux connaissent le Coran et moi la Bible. Pour moi, les extrémistes islamistes sont méchants, mais pas particulièrement avec les chrétiens. Ils effraient aussi les musulmans qui doivent tenir une ligne de conduite stricte par rapport au Coran. Les islamistes ne sont pas représentatifs, d'ailleurs on n'en croise pas à tous les coins de rue, mais ils dictent leur volonté au Parlement, leur influence est terrible parce que tout le monde les craint, même les ministres et le

1. Victor Hugo, *Choses vues.*

Tout le monde est désemparé face à eux, parce qu'ils n'hésitent pas à mettre des bombes ou à s'allier avec les talibans pour tuer et se tuer au nom d'Allah. D'ailleurs, les juges du tribunal de Nankana et de la Haute Cour de Lahore ont dû avoir peur d'eux pour me condamner à la peine capitale.

Je suis fière d'être catholique. Avec les protestants, il paraît que nous représentons moins de 2 % de la population. Nous ne sommes pas perçus comme une menace mais nous ne sommes pas considérés comme des êtres respectables. Ou plutôt, on se méfie de nous car nous ne croyons pas en leur Dieu, Allah. Quand nous faisons nos papiers d'identité, nous sommes obligés de déclarer notre religion. Notre passeport a aussi une couleur particulière, il est noir. Avant même de l'ouvrir, on sait tout de suite que nous sommes chrétiens. C'est comme si on nous mettait une marque au milieu du visage et, au Pakistan, ce n'est pas un avantage. Notre communauté souffre de toutes sortes de mépris et cette attitude a toujours été ancrée dans les esprits : nous sommes d'ailleurs surnommés *choori*, un surnom extrêmement dévalorisant, insultant même, qui désigne « celui qui nettoie les toilettes ». La grande majorité des chrétiens est donc cantonnée au nettoyage de la rue et, à la campagne, il est difficile de posséder des terres car les musulmans refusent de nous vendre leurs graines de semence à un prix normal. Pour nous, c'est beaucoup plus cher.

Je n'ai pas pu aller à l'école parce que ma famille était trop pauvre. Or il y a beaucoup de bonnes écoles chrétiennes mais elles sont trop chères pour nous et ce sont souvent les musulmans qui y étudient ! Situation absurde. Mais je tenais à ce que mes enfants sachent lire et écrire et qu'ils trouvent un bon métier. Je ne veux pas qu'on les traite de *choori*. Avec Ashiq on en a beaucoup parlé et nous sommes tombés d'accord. Nos enfants sont allés à l'école, même si cela a été un sacrifice. Ça nous rend fiers de les voir étudier. L'école où ils allaient était un misérable bâtiment avec peu de mobilier et de matériel, mais ils apprenaient tellement de choses. Ils seront professeur, médecin ou peut-être même avocat ! C'est le souhait de ma fille de 20 ans, Eisham, et ici elle va y arriver. Le fils de ma cousine est bien devenu comptable. Bien sûr, au Pakistan, là où il travaille, il progresse moins vite que les musulmans mais il est content et il peut offrir une belle vie à sa famille. J'avais peur pour mes enfants, même à l'école. Parce que tous les jours, leurs camarades de classe les incitaient à se convertir et parfois les insultaient ou les bousculaient quand ils disaient qu'ils croyaient en Jésus et qu'ils étaient fiers de leur religion.

Un jour, ma Sidra, qui est tellement sensible, est revenue bouleversée. Dans l'école de garçons à côté de la sienne, Sharoon, un jeune chrétien de 15 ans, que tout un groupe maltraitait depuis des mois et des mois, a été roué de coups de pied et de coups de poing. Ils l'ont frappé tellement fort qu'il en est mort. Et la police a refusé de reconnaître qu'il était harcelé parce qu'il était chrétien. Ils étaient tous jaloux de Sharoon car il était très bon élève et c'est pour ça qu'ils l'ont traité avec violence.

Tous les adultes ont fermé les yeux et Sidra ne pouvait pas s'arrêter de pleurer. Je l'ai consolée en la serrant très fort dans mes bras. Les frères de Sharoon ont eu ensuite tellement peur qu'on leur fasse la même chose qu'ils n'ont plus voulu retourner en classe. C'est tellement injuste. La vie, pour nous les chrétiens, n'est déjà pas facile. Pourquoi même les enfants sont-ils méchants entre eux à l'école ? Ils sont tous là pour apprendre la même chose. Mais les livres qu'ils étudient disent aussi des choses insultantes sur les chrétiens et les autres minorités. Un jour, Sidra m'a lu un texte qui expliquait que nous étions inférieurs, mauvais, qu'on devait se méfier de nous et nous traiter en ennemis. Même dans les livres savants, ils racontent des mensonges. Les élèves chrétiens, qu'ils soient brillants ou pas, perdent de toute façon des points bonus accordés aux musulmans capables de réciter le Coran. Heureusement ici en Occident, à l'école, tous les élèves sont traités de la même façon et on leur apprend à être gentils avec tout le monde et à respecter toutes les religions. Ils peuvent étudier en sécurité et en paix. Je suis très fière de la réussite de mes enfants. Même si je regrette mon pays que j'aimais tant, malgré les difficultés et les injustices subies. Avant toute cette histoire, j'étais heureuse avec les miens à Ittan-Walli, à mener une vie simple, et je suis triste d'avoir dû partir pour échapper à la mort.

Dans les grandes villes au Pakistan, les chrétiens ne vivent pas comme à la campagne. Ils se réunissent dans des quartiers qu'on appelle aussi des ghettos. Avec Ashiq et les enfants, nous allions chaque année à Lahore pour assister à la messe de Pâques au sein de la Joseph Colony. Construite sur un terrain marécageux, la Joseph Colony n'a jamais été très accueillante pour des non-chrétiens. Les déchets jonchent le sol boueux et l'air est saturé d'une poussière noire recrachée par les usines voisines. Nous avions des amis parmi les 450 chrétiens qui s'entassent dans les petits immeubles. Chazia et Akbar nous invitaient chaque année à partager le repas pascal. Je les aimais beaucoup, ils avaient le cœur grand avec leurs trois petits. Je sais qu'ils ont beaucoup prié pour moi et, grâce au Ciel, leurs prières ont été entendues. Je regrette seulement de ne plus pouvoir les revoir pour les remercier.

En 2013, j'avais eu peur pour eux. Lors d'une visite, Ashiq m'avait raconté que l'ensemble de la Joseph Colony avait été prise pour cible par des voisins musulmans. Là-bas, on appelle ça des *mobs* : des mouvements de foule excitée par des religieux fanatiques qui détruisent tout au nom de la défense de l'islam. C'est ce que nous redoutons le plus, nous, chrétiens. Plus de 150 maisons avaient été détruites suite à une dispute entre un musulman et un chrétien. Sawan Mashi avait été accusé de blasphème et, immédiatement, un appel à manifester avait été lancé à la mosquée pendant la prière du vendredi. La foule était revenue pour tout brûler et jeter sur les maisons et les petites églises des produits chimiques utilisés pour faire fondre l'acier. À l'époque, Ashiq m'avait rassurée car la petite famille de Chazia et Akbar se portait bien et le gouvernement avait accepté de payer toutes les réparations. Quant à celui qui a été accusé de blasphème sans raison, je crois qu'il croupit toujours en prison.

Je ne comprends pas comment une loi aussi injuste et malfaisante peut exister. N'importe qui peut s'en servir pour se venger de quelqu'un qu'il n'aime pas, juste par jalousie ou par envie. Et lorsqu'on fait partie d'une minorité, on est encore plus exposé à la bêtise et à la haine. Chrétiens comme musulmans, on vit tous avec la peur au ventre qu'une personne mal intentionnée nous accuse à tort. Et c'est bien ce qui m'est arrivé. On m'a précipitée dans un horrible cauchemar qui a duré dix ans. J'ai cru que je ne me réveillerais jamais !

C'est aussi arrivé à d'autres comme Shakil, une femme du village juste à côté du mien, et son fils Masih qui n'avait que 9 ans. Ses voisins musulmans ne supportaient pas que le petit Masih se mêle aux jeux de leurs enfants parce qu'il était chrétien. Alors ils l'ont accusé d'avoir brûlé le Coran. La police est venue les arrêter tous les deux, sans même prendre la peine de vérifier si c'était vrai. Ils ont été brutalisés et risquaient la peine de mort. Un enfant de 9 ans ! C'était l'âge de mon Eisham, ça me glace le cœur rien que d'y penser. Ils sont tous devenus fous. Heureusement, au Pakistan, il y a tout de même des gens qui nous défendent. Ils créent des associations pour protéger les innocents des injustices. Ils ont fait tellement de bruit et de scandale auprès de la police, dans les rues et partout où ils ont pu, que Masih et sa maman ont été relâchés. Mais ils étaient prêts à assassiner un enfant de 9 ans, juste parce qu'il partageait les jeux des musulmans !

Souvent d'ailleurs, la foule est tellement électrisée par la haine qu'elle n'attend pas que les juges rendent leur verdict. Ça a été le cas pour Shazad et Shama, un couple de chrétiens, parents d'un enfant de 3 ans, qui travaillaient dans un village près de chez nous. Ils ont été accusés d'avoir sali le Coran et leurs voisins ont appelé la police. Mais la police n'a pas eu le temps d'arriver, une foule très hostile composée de centaines et de centaines de personnes s'est abattue sur eux comme une énorme vague. Ces personnes les ont frappés avec une rage qui n'était pas humaine, et puis elles les ont brûlés vifs et la police n'a rien pu faire.

Je ne comprends pas la folie des hommes. Comment peut-on s'acharner sur des gens qui n'ont rien fait ? Comment peut-on donner la mort à quelqu'un sans émotion et trouver ça bien ? Comment peut-on laisser des enfants orphelins sans aucune pitié ? Comment peut-on croire que Dieu se réjouit d'une telle cruauté ? Du fond de ma prison, je m'étais rendu compte que nous étions des centaines à croupir entre ces murs pour un crime souvent imaginaire, en attendant la mort.

Ma douloureuse expérience m'a permis de comprendre que politique et religion ne faisaient pas bon ménage. Au début, comme ma religion avait été mise en avant, j'ai longtemps cru que les lois anti-blasphème visaient uniquement la communauté chrétienne. Il m'a fallu des années pour comprendre qu'il y avait aussi des musulmans condamnés et que, dans le fond, cette loi effrayait tout le monde car il suffisait de se disputer avec un voisin pour se retrouver condamné à mort ou en prison à vie. Pour nous, chrétiens, et pour toutes les minorités, c'est une double peine parce que nous sommes méprisés et détestés. Et quand on est une femme, c'est encore pire. Dans mon pays, les jeunes filles chrétiennes sont souvent enlevées, retenues de force et même violées, parfois par plusieurs hommes. On les convertit de force à l'islam, on les marie sans leur demander leur avis. Elles sont brisées pour le reste de leur vie, du moins quand elles s'en sortent, car il arrive aussi qu'on les brûle à l'acide ou qu'on les tue si elles osent résister. C'est un drame qui est arrivé à Yaqoob, un chrétien de notre communauté. Le pauvre, depuis, il a un peu perdu la raison. Mais comment se remettre d'un tel drame ? Asma, sa fille de 25 ans qui était douce et belle comme le jour, travaillait comme maîtresse de maison chez une famille musulmane. Tout allait bien pour elle, la famille la traitait plutôt bien. Mais Gujjar, un musulman, avait décidé qu'il voulait l'épouser sans lui demander son avis. Asma n'en avait aucune envie et elle ne voulait pas se convertir à l'islam. Elle a résisté pendant de longues semaines, elle a refusé sa proposition, ce qui a rendu le jeune homme fou de rage. Zaman, l'employeur d'Asma, un homme bon, l'a heureusement soutenue et protégée, mais cela n'a pas suffi. Un jour, alors qu'Asma est allée ouvrir la porte puisqu'on avait frappé, Yaqoob l'a entendue hurler de douleur. Il s'est précipité et a vu Gujjar, le visage déformé par la haine et la colère, en train de contempler Asma dévorée par les flammes. Il l'avait brûlée vive juste parce qu'elle ne voulait pas l'épouser. Dans quel monde vivons-nous ? Gujjar a été arrêté mais Yaqoob a perdu sa fille pour toujours.

Il y a des gens qui s'élèvent contre tout cela pour nous défendre et défendre toutes les victimes d'injustice, comme cette avocate, Jacqueline Sultan, qui lutte pour les droits des minorités et contre les conversions forcées des jeunes filles. Mais Jacqueline, comme tous les gens qui se battent contre toutes ces absurdités, est menacée de mort presque tous les jours.

Aujourd'hui, je suis à l'abri avec ma famille mais j'ai peur qu'à cause de moi les islamistes se vengent sur mes frères chrétiens. Au milieu de toutes ces horreurs, il y a parfois quelques lueurs d'espoir et j'ose croire que mon histoire y a contribué. En mars 2018, le Comité spécial aux droits de l'homme du Sénat pakistanais a approuvé la décision de sanctionner sévèrement toute accusation de blasphème, fausse ou fabriquée. Les accusateurs devront aussi avoir au moins deux témoins s'ils veulent porter plainte. Le Sénat veut empêcher les gens d'utiliser cette loi à tort et à travers. Évidemment, trouver des faux témoins n'est pas tellement difficile et la colère de la rue reste bien dangereuse, mais ça fait chaud au cœur de constater que mon pays se bat pour plus de justice, moins de cruauté et un peu plus de respect des hommes les uns envers les autres. Il faut prier encore et encore pour que les choses avancent. Il faut prier pour que Dieu protège tous ceux qui se battent contre cette loi absurde et que tous ouvrent enfin les yeux. Il y a encore tellement de chemin à parcourir malgré ces petites avancées, ces petites victoires. Il n'y a pas si longtemps, Rizvam, un avocat, a failli perdre la vue en plein tribunal, lors d'un procès pour blasphème. Il avait pour seul tort de défendre un chrétien et c'est le procureur lui-même qui s'était jeté sur lui et l'avait violemment attaqué et battu ! Je n'arrivais pas à en croire mes oreilles quand on m'a rapporté ça. Mais comment un procureur peut-il s'abaisser à agresser physiquement un avocat, juste parce qu'il n'est pas d'accord ? Il devient lui-même criminel par de tels actes. La violence des coups était telle que d'autres avocats ont dû s'interposer et emmener Rizvam à l'hôpital car il était gravement blessé. Il a failli devenir aveugle… Et pourtant ça n'a pas semblé déranger le juge qui s'est contenté de sortir de la salle d'audience et de laisser faire ! Dans un tribunal on est censé chercher la justice, pas se rendre complice d'actes aussi barbares !

À l'été 2018, l'élection d'Imran Khan comme Premier ministre a fait naître un grand espoir pour toutes les minorités du Pakistan. Il a promis de défendre les chrétiens persécutés et tous les opprimés. Enfin un dirigeant qui nous prend en considération, enfin quelqu'un d'humain qui reconnaît que nous avons tous droit au même respect. Il m'a défendue en saluant mon acquittement et en jetant en prison tous ceux qui manifestaient dans la rue pour que je sois condamnée à mort malgré le jugement. Mais il y a encore tant à faire : est-ce qu'il fera disparaître des manuels scolaires les illustrations injurieuses et fausses contre les chrétiens et les autres minorités ? Est-ce qu'il obligera les autorités pakistanaises à cesser d'humilier les chrétiens en les empêchant, par exemple, d'obtenir un emploi malgré leurs compétences ? Va-t-il enfin oser faire quelque chose contre cette loi sur le blasphème ? Dans mon cachot sordide, son élection avait été un grand rayon de soleil dans mon cœur. La journaliste nous avait expliqué que j'avais plus de chances de m'en sortir avec un Premier ministre comme lui, plutôt qu'avec Nawaz Sharif[2], un homme très proche des intégristes et qui, lorsqu'il était Premier ministre, avait

2. Premier ministre du Pakistan de 1990 à 1993, de 1997 à 1999, et de 2013 à 2017.

demandé la peine de mort pour les auteurs de blasphèmes à l'encontre du prophète. Dieu a entendu nos prières, il a inspiré le bon sens aux hommes.

Il ne faut jamais cesser de croire et d'espérer. Je voudrais tellement qu'enfin être chrétien au Pakistan ne soit plus un problème et que nous soyons traités comme les musulmans...

Les papes

Chrétiens et Musulmans, nous nous sommes généralement mal compris, et quelquefois, dans le passé, nous nous sommes opposés et même épuisés en polémiques et en guerres.
Je crois que Dieu nous invite, aujourd'hui, à changer nos vieilles habitudes[1].

Je sais aujourd'hui que la religion peut semer la terreur, qu'elle peut tuer, je sais aussi que je suis devenue malgré moi prisonnière du fanatisme. Souvent, les gens se demandent pourquoi et comment je suis devenue si célèbre dans le monde entier. Ils ont oublié que c'est grâce au Pape.

Je n'avais pas revu Ashiq depuis que le juge à la barbe blanche m'avait condamnée à la pendaison. Cette première visite, je ne l'oublierai jamais.

En général, on distingue le jour de la nuit parce que le silence fait loi. Mais en prison, tous les repères sont chamboulés. Sans y penser et sans le vouloir, j'étais toujours

1. Jean-Paul II.

sur le qui-vive. Le moindre mouvement, le moindre bruit me réveillaient la nuit et me faisaient sursauter le jour. Quand venait l'heure de dormir, je restais éveillée, roulée en boule dans ma vieille couverture. La nuit et le jour, je m'assoupissais de temps en temps sans jamais avoir l'impression de dormir. Les sons de la prison me tiraient de mes somnolences sans rêve. D'ailleurs, dès que j'ai été condamnée à mort, je n'ai plus jamais rêvé, sans doute parce que mon inconscient savait que ma vie était derrière. Cela faisait plus d'un an que je croupissais ici et les bruits m'étaient devenus familiers. Un claquement de porte, c'était la relève de la garde. Un trousseau de clés, les pas des gardiens mêlés au grincement des roulettes du chariot de soupe, c'était l'heure du repas. Un seau métallique contre le carrelage du couloir, c'était la corvée du soir… ou était-ce celle du matin ?

Je sentais que ma mort était lente, pour l'instant sans douleur, mais tellement lente… Je n'étais plus vraiment capable de dire ce que je ressentais. De la peur, c'est certain… Elle était là, mais moins qu'au début. Les premiers jours, elle était capable de battre le tambour dans ma poitrine, puis elle s'est calmée. Je sursautais moins. Les larmes non plus ne m'ont pas quittée. Elles coulaient à intervalles réguliers, mais les sanglots c'était presque terminé. Mes larmes étaient mes seules compagnes de cellule. Elles me disaient que je ne n'avais pas tout à fait renoncé, elles étaient le premier témoin de l'injustice qui s'était abattue sur moi. Ma vie n'était que souffrance.

Le tribunal de Nankana ne m'avait pas seulement jetée ici, au fond de cette cellule humide et froide, si petite que je pouvais toucher les murs en étirant les bras. Il m'avait aussi retiré le droit de voir mes enfants, ma raison de vivre. En prison, leur douce mélodie continuait à jouer dans mes souvenirs. Dieu, qu'elle me manquait cette petite vie bien remplie, et même si je suis avec mes filles aujourd'hui, j'ai mal quand je pense à la douleur de la séparation, à ce qu'elles ont dû ressentir, combien cela avait été brutal. Elles étaient trop jeunes pour être confrontées au réel, pour être plongées dans le monde cruel des adultes.

Durant ces longues années de séparation, je souffrais tous les matins de leur absence, de ne plus pouvoir les toucher, entendre leurs chansons, partager leur joie de vivre. La véritable épreuve n'était pas la prison mais d'être privée des miens. Je me répétais inlassablement que j'aurais pu donner tout ce que je possédais pour être un instant avec mes filles chez nous, blottie contre elles dans le lit familial.

Le jour où j'ai appris que le pape Benoît XVI savait qui j'étais, je grelottais de froid sous ma mince couverture usée. L'hiver approchait. Dans notre petite maison d'Ittan-Walli, nous ne possédions pas de chauffage durant les deux mois d'hiver, mais Ashiq me servait de bouillotte. J'avais pris l'habitude de me blottir contre son corps qui, été comme hiver, de jour comme de nuit, était toujours chaud. Il m'entourait de ses bras pendant les nuits froides, son menton posé sur le sommet de mon crâne. Je ne réalisais pas à quel point je me sentais protégée et aimée.

Dix jours après la mascarade de mon procès en première instance, j'ai entendu des bruits de pas rapides et impatients dans le couloir. Mon genou me faisait souffrir à cause du coup de botte de Khalil. Mes mains et mes pieds étaient engourdis, et je me suis redressée péniblement sur ma couche, comme si j'avais 100 ans.

Les pas se sont arrêtés net devant ma porte, et mon cœur s'est mis à battre comme un tambour. Je n'avais pas peur de la mort mais j'avais peur de mourir. Je sais que, quand ça arrivera, Dieu, là-haut, se trouvera au bout de mon chemin et m'accueillera en souriant.

Silence. J'étais pétrifiée et persuadée que je vivais mes derniers instants.

Aujourd'hui, pourtant libre, j'ai toujours peur. Je sais qu'on cherche à me tuer et que la colère des fanatiques ne sera apaisée que lorsqu'ils seront vengés. Je sais que, même loin du Pakistan, ils pourraient me retrouver et me faire disparaître.

Je n'entendais plus rien, je me suis recroquevillée sur moi-même, mon cœur ne battait plus, je retenais ma respiration. Puis j'ai joint les mains, fermé les yeux et me suis mise à prier en chuchotant :

Mon Dieu sauvez-moi.
Seigneur Jésus,
Comment bien prier
Quand le mal m'écrase
Et que je n'en peux plus…
Toi qui as connu le plus profond de la souffrance,
Toi qui es passé par là,
Aujourd'hui sois avec moi.
Toi qui as fait face jusqu'au bout,
Aide-moi à tenir bon.

Toi qui es vivant,
Viens prier en moi par ton Esprit saint.
Et pendant que je traverse l'épreuve,
Fais passer en moi le souffle de ta Résurrection.

La porte de la cellule s'est alors ouverte brutalement sur la face furieuse et menaçante de Khalil.

— Bouge-toi, on y va !

Assise sur mon lit, j'ai soufflé d'une petite voix en posant les yeux sur le sol :

— On va où ?

Il s'est mis à crier, j'ai sursauté, mon corps entier tremblait et ça semblait lui plaire de me voir terrorisée.

— Qui t'a autorisée à poser des questions, sale vermine ?! Magne-toi, je n'ai pas que ça à faire !

Fou furieux, le garde s'est approché, menaçant de me battre et, d'un grand coup de botte, a fait chavirer le lit, et moi avec.

Puisque que le juge avait prononcé son funeste verdict, je risquais à chaque instant de me retrouver avec une corde autour du cou. Khalil marchait devant moi, je n'étais pas menottée. Les portes des autres cellules étaient ouvertes et vides. Très vite, j'ai réalisé que nous ne prenions pas le chemin de la promenade. Je marchais en boitillant, tel un animal bien dressé, je suivais cet homme sans savoir où il me conduisait. Khalil m'a introduite dans une petite salle avec des chaises. Le parloir de la prison. Soulagement. D'autres détenues étaient déjà en pleine conversation avec leur famille. Bouguina m'a fait un petit signe amical pendant que j'attendais fébrilement en me demandant qui allait me rendre visite. L'espoir renaissait en moi quand j'ai vu, dans l'embrasure de la porte, le doux visage de mon mari, Ashiq ! Derrière nos sourires teintés de nostalgie, une peine immense. Si Ashiq est parvenu à se retenir de pleurer, moi je n'en ai pas été capable.

— Dis-moi comment vont nos enfants ? Et pourquoi ne sont-elles pas avec toi ?

Ashiq m'a tendu un sac en plastique avec un petit sourire malicieux :

— Regarde, avec les filles, on se débrouille très bien, elles t'ont préparé cette surprise, les chapatis que tu aimes tant…

Je les ai portés à mon cœur en pensant qu'elles avaient aplati la pâte avec leurs petites mains.

— Je suis très heureuse et très fière qu'elles sachent faire le pain sans moi, tu leur diras, Ashiq…

Il m'a assuré qu'elles étaient en sécurité et qu'il serait trop dangereux pour elles de venir ici. En neuf ans de détention, elles ne sont venues me voir que trois fois. Mes petits cœurs innocents étaient eux aussi menacés de mort par les intégristes. Je ne comprends pas comment on peut être si haineux par amour d'une religion. Ce que je sais, en revanche, c'est que le haineux porte sur son visage la trace d'une tristesse profonde.

L'inquiétude pour mes filles s'est transformée en affolement et mes larmes ruisselaient le long de mon nez.

— Mais où vivez-vous ? Comment faites-vous pour vous nourrir puisque tu as perdu ton travail ?

Ashiq tentait de me rassurer avec ses mots à lui en me caressant le dos de la main :

— Mon Asia, je suis venu ici pour t'apporter de bonnes nouvelles alors je t'en supplie, sèche tes larmes et écoute-moi... On va faire appel de ta condamnation à mort, le gouverneur Salman Taseer t'a trouvé un avocat et le ministre des Minorités Shahbaz Batti nous a loué une maison à Lahore. Il paie tout avec son argent et nous serons en sécurité parce que personne ne sait où nous nous trouvons.

— Et notre maison à Ittan-Walli ?

— Pour le moment c'est ta sœur et son mari qui la gardent, mais c'est difficile pour eux de rester là-bas, ils vont devoir l'abandonner pour ne pas risquer d'être battus à mort.

Je me savais innocente mais là je me sentais coupable d'avoir anéanti la vie de ma famille. Je me suis remise à sangloter. Ashiq essuyait mes larmes, je m'arrêtais un instant avant d'étouffer un nouveau sanglot.

— Calme-toi Asia, je n'ai pas fini, et j'ai d'autres bonnes nouvelles.

Le sourire au coin des lèvres, Ashiq a sorti un bout de journal et m'a montré la photo d'une femme.

— Tu vois cette femme, c'est une journaliste occidentale qui a décidé de nous aider. Je lui ai dit que tu étais innocente, elle veut te rencontrer. Alors quand elle viendra, il faudra tout lui dire.

J'ai attentivement examiné le visage de cette étrangère puis me suis exclamée :

— Elle ressemble à... Tu sais cet animal qu'on a vu plusieurs fois à la télévision avec un long cou... Comment ça s'appelle déjà ?

— Ah oui, je ne sais plus mais tu as raison, en vrai elle est grande et fine.

Nous nous sommes enfin mis à rire de bon cœur, comme avant. Cette sensation m'était à la fois familière et nouvelle.

— Mais tu sais, Asia, ce n'est pas tout, tu n'imagineras jamais qui a parlé de toi. Tu veux savoir ? m'a-t-il demandé d'un air taquin.

— Oh oui ! Dis-moi vite, s'il te plaît !

Ashiq a pris une grande inspiration, puis s'est jeté à l'eau.

— Le pape, Benoît XVI, a parlé de toi sur la place Saint-Pierre de Rome en Italie.

J'ai sauté de joie sur ma chaise et me suis écriée :

— C'est pas vrai ! ?

Un garde m'a fait signe de me calmer. Je me suis rassise sagement pour éviter que la visite ne s'écourte, puis j'ai dit tout bas à Ashiq :

— Raconte-moi, comment est-ce possible ? Je n'arrive pas à croire que le Saint-Père ait pu parler de moi !

— Eh bien, je ne sais pas trop comment... C'est peut-être le ministre Shahbaz Batti qui lui a parlé de toi, ils se connaissent. Ou alors c'est parce que j'ai répondu à beaucoup de questions de journalistes étrangers depuis la décision du tribunal. Et puis, tu sais, tu es la seule et la première femme condamnée à mort au Pakistan dans ce siècle, c'est pour ça que tout le monde s'intéresse à toi.

— Mais est-ce que tu sais ce qu'il a dit exactement ?

— Oui.

— Allez, dis...

Ashiq souriait de mon impatience, et moi je me sentais tellement bien que j'aurais voulu qu'il reste avec moi tout le temps.

— Il a dit devant des milliers de gens et à la télévision : « Je pense à Asia Bibi et à sa famille, et demande que lui soit rendue le plus rapidement sa pleine liberté », en ajoutant qu'il priait aussi pour l'ensemble des chrétiens du Pakistan, souvent victimes de violences et de discriminations.

— Pfiou !...

C'était le seul mot que j'étais capable de sortir de ma bouche, j'étais estomaquée.

— Tu vois, il a parlé de nous aussi, il a dit « Asia Bibi et sa famille ».

— C'est tellement extraordinaire... Tout n'est pas perdu alors. Il faut garder confiance, notre Seigneur est avec nous, et il va me sortir d'ici.

— Bien sûr que tu vas sortir d'ici. Parle-moi de toi, comment vas-tu ? Comment sont les autres détenues avec toi ?

Tout autour de moi, en regardant les familles, je réalisais que nous, les détenues, n'avions pas grand-chose à raconter... À l'intérieur des prisons, ça tourne en rond.

— Tu sais tout le monde me déteste ici, sauf Bouguina, regarde c'est elle au fond à côté du radiateur. Elle est musulmane et...

— Fin de la visite ! a tempêté Khalil.

Ashiq m'a serré la main avec un regard tendre.

— Aie confiance, garde espoir, je reviendrai vite.

De retour dans ma cellule, j'ai senti pour la première fois mon cœur plus léger. Le gouverneur de la province, le ministre, Anne-Isabelle la journaliste... et le Pape en personne ! Le Saint Père, qui pensait et priait pour moi, je me demandais si je méritais autant d'honneurs et d'attentions. Et je le pense encore aujourd'hui puisque le pape François, lui aussi, s'est ému de ma situation. Je ne suis qu'une fille de ferme, et dans le monde, il y a tellement de gens qui souffrent. Pour la première fois, ce soir-là, je me suis endormie le cœur chaud.

Bien des années plus tard j'ai enfin compris pourquoi j'étais devenue l'emblème des lois anti-blasphème. Beaucoup de personnes me l'ont expliqué : quand le Pape prend votre défense, les musulmans fanatiques pensent qu'il s'agit d'un duel entre l'islam et l'Église catholique. Mon cœur était pris en étau entre ces deux religions. J'étais donc la catholique à abattre coûte que coûte. J'ai aussi appris qu'après cette prise de position du Vatican, il y avait eu des manifestations de haine dans tout le pays. Les fondamentalistes et les partis religieux promettaient le chaos si je n'étais pas pendue dans les prochains jours. Dans cette foule d'hommes en colère, certains brandissaient d'une main une photo du pape Benoît XVI pendant que d'autres agitaient une corde pour mon cou. Un mollah avait même promis une récompense de 50 000 roupies[2] à quiconque tuerait Asia Bibi ! Je risquais donc à tout moment d'être assassinée, même dans cette prison. Je ne sais par quel miracle j'en suis sortie, certes affaiblie, mais en vie…

Je m'en suis souvent voulu d'avoir causé à ma famille tant de peines. Donc lorsque les miens pouvaient tirer quelques avantages de notre douleur, j'en étais heureuse.

---

2. 305 euros (425 dollars canadiens).

Ils ont notamment voyagé à travers l'Europe, et sans ce drame qui nous accablait, ni Ashiq ni mes filles n'auraient pu voir autre chose que la terre pakistanaise.

En 2013, à Madrid, j'ai reçu un prix pour la liberté de conscience contre l'intolérance et le fanatisme. Toute la famille avait été invitée. C'était pour eux un voyage extraordinaire, ils ont pu revoir la journaliste française qui avait œuvré pour que cette distinction me soit décernée. Malgré la tragédie qui s'était abattue sur nous, j'étais heureuse qu'ils puissent sentir l'amour et la compassion des étrangers. Ces voyages étaient pour eux une bouffée d'oxygène parce que leur quotidien ici était terrible, toujours à devoir se cacher et craignant en permanence de se faire repérer. Dans mon pays, tout le monde s'épie et tout le monde se craint. J'étais certainement victime d'une folie ordinaire, car même si les Pakistanais ne sont pas plus mauvais que les autres êtres humains, ils ont peur, et la peur révèle souvent les plus bas instincts. Quand Ashiq m'a raconté leur séjour en Espagne pour la remise de ce prix, qui saluait mon courage et visait surtout à m'en donner encore plus, j'ai immédiatement voulu qu'on écrive une lettre à Benoît XVI. À ce moment-là, je n'avais plus peur de la mort, je n'avais plus peur de la vie :

24 janvier 2013

À tous ceux qui se soucient de mon sort, en particulier au Saint-Père, le pape Benoît XVI.

Je vous demande de considérer tous ceux qui, à l'étranger, s'engagent avec moi pour votre amour et votre soutien.

Je suis reconnaissante à tous pour vos prières. Ô cher Saint-Père, grâce à vos prières, mon mari a visité l'Espagne. À Madrid. Je suis très fière que mon mari ait pu recevoir un prix en mon nom. C'est un grand honneur pour nous d'être chrétiens.

Je suis en prison depuis plus de quatre ans maintenant, je reste très forte dans ma foi et, après avoir reçu le prix, je suis encore plus forte que je ne l'étais.

Parce que je suis en prison, je vous confie mes enfants et mon mari qui seront en sécurité dans vos prières, vous êtes le meilleur gardien de ma famille.

Ces derniers jours, je suis tombée malade, et si la vie ne peut plus me supporter, s'il vous plaît, prenez soin de mes filles Eisha et Eisham pour qu'elles soient en bonne santé et qu'elles fassent de bonnes études. Je veux qu'elles soient des filles bien éduquées dans la société.

À la prison, je me sens de plus en plus faible, j'aime beaucoup mes filles, je vous en prie, prenez-en soin.

Je vous remercie pour votre soutien, et je vous demande instamment de bien vouloir faire quelque chose pour ma liberté le plus tôt possible. J'aimerais pouvoir revoir tous ceux que j'aime, les yeux ouverts, avant de mourir.

Je voulais la paix et je voudrais vivre avec ma famille dans la paix parmi vous tous.

Asia Bibi

Juste après la parution de cette lettre relayée dans la presse internationale, Ashiq s'est fait gronder par la journaliste. Elle disait que si on faisait appel au Pape, je n'aurais aucune chance de m'en sortir. On avait du mal à comprendre parce que, pour nous, le soutien du Pape ne pouvait faire de mal à personne. J'ai fini par comprendre quand Anne-Isabelle me l'a expliqué de vive voix quand elle est venue me voir au Canada. En regardant son ordinateur posé sur ses genoux, elle m'a lu la lettre qu'elle avait fait parvenir au pape François :

Très Saint-Père,

Je vous demande solennellement de n'intervenir dans l'affaire Asia Bibi condamnée à mort au Pakistan, qu'en vous associant à vos homologues musulmans. [...] Je sais combien vous êtes sensible au sort de cette pauvre mère de famille. Sans vouloir froisser votre autorité, une intervention de votre part pourrait renforcer la haine des fondamentalistes qui font pression sur le gouvernement pakistanais alors que notre seul espoir est d'obtenir la grâce présidentielle ou la clémence des juges de la Cour suprême.

Une semaine après la première condamnation à mort d'Asia Bibi, le 17 novembre 2010, le pape Benoît XVI avait lancé cet appel : « La communauté internationale suit avec préoccupation la délicate situation des chrétiens du Pakistan, souvent victimes de violences et de discrimination. Je veux en particulier exprimer ma solidarité spirituelle à Asia Bibi et à sa famille, demandant pour elle une prompte libération. » Ces propos de Benoît XVI ont été très mal reçus au Pakistan. Les partis religieux radicaux ont aussitôt manifesté dans plusieurs grandes villes.

J'ai assisté à l'une de ces manifestations à Lahore où des milliers de personnes martelaient que le pape ne devait pas se mêler de leurs affaires. J'ai vu une foule brûler avec hargne l'effigie du Saint-Père en brandissant des photos d'Asia Bibi la corde au cou. Juste après l'intervention du pape Benoît XVI, le ministre des Minorités Shahbaz Batti m'avait confié : « La situation est désormais très critique. Pour les radicaux pakistanais, l'Église catholique a porté atteinte à l'islam, ils vont utiliser Asia pour obtenir réparation. » […]

En tant que journaliste, il est de mon devoir de rendre compte de la complexité de la situation. La communauté chrétienne n'a jamais abandonné Asia Bibi et je l'en remercie profondément. Mais si nous voulons sauver Asia Bibi, si tel est véritablement l'objectif, il ne faut pas risquer de renforcer les antagonismes chrétiens contre musulmans.

Le gouvernement pakistanais n'ignore pas l'ampleur démesurée de cette histoire. Asia Bibi n'aurait évidemment jamais dû être condamnée à mort. Et même si le gouvernement ou la justice pakistanaise entendent les messages de la diplomatie occidentale, on ne peut ignorer l'immense pression des islamistes qui font que ni le gouvernement ni la justice ne sont libres.

Très Saint-Père, nous avons besoin de mettre en avant les trois grandes religions monothéistes si nous voulons sauver Asia Bibi. Viendra le temps où nous pourrons dénoncer les injustices des chrétiens opprimés à travers le monde et remettre en cause certaines lois abusives.

Le président du Pakistan Mamoon Hussain vient de saluer le prix Nobel de Malala. À nous de le conforter dans son opposition au fondamentalisme plutôt que de lui demander d'intervenir au nom du christianisme.

Recevez, Votre Sainteté, mes plus respectueuses salutations.
Anne-Isabelle Tollet

Nous avons beaucoup ri en réalisant que, d'un côté, ma famille et les ONG chrétiennes faisaient tout pour que le Pape intervienne en ma faveur et que, de l'autre, on lui demandait de ne surtout pas se prononcer. Le Saint-Père devait être perdu, d'ailleurs il a fait répondre à la journaliste :

Du Vatican, le 12 janvier 2015

Madame,
Par lettre du 29 octobre dernier, adressée au Saint-Père, vous avez soulevé le cas d'Asia Bibi, condamnée au Pakistan.
Au nom de Sa Sainteté, je vous remercie de vos observations, dont j'ai pris bien note. Comme vous le savez, le Saint-Siège continue à suivre de près la situation des chrétiens au Pakistan et à en discuter régulièrement avec les autorités civiles par les canaux diplomatiques.
En vous assurant de ma prière pour votre personne et votre travail, je vous prie d'agréer, Madame, l'expression de mes sentiments respectueux.

Mgr Antoine Camilleri
Sous-Secrétaire pour les Relations avec les États

Avec Ashiq et les enfants, on comprenait désormais pourquoi, pendant des années, le Pape ne disait plus rien à mon sujet. « Je vous remercie de vos observations, dont j'ai pris bien note. » Le temps a passé et, sous la pression des ONG chrétiennes qui s'étonnaient de son silence à mon sujet, le Pape nous a fait l'honneur de recevoir Ashiq et Eisham en audience privée, moins d'un an avant ma libération. Il avait dit que « je représentais un modèle pour une société qui aujourd'hui a toujours plus peur de la douleur. Asia Bibi est une martyre ». Il leur avait donné une petite bible pour moi et, depuis qu'Ashiq a obtenu l'autorisation de me la donner, elle ne m'a plus jamais quittée.

« Je pense très souvent à ta mère et je prie pour elle », avait ajouté le pape François à Eisham. J'étais fière de ma fille, devenue si grande. Elle avait à peine 9 ans quand j'ai été jetée en prison, et à ma libération j'ai retrouvé une jeune femme de 19 ans. Eisham voudrait devenir avocate, et elle y parviendra, j'en suis sûre. Elle parlait déjà si bien en mon nom. Elle rencontrait régulièrement des journalistes. Elle m'a fait écouter sur son portable ce qu'elle avait dit à la radio, j'étais si impressionnée :

Asia Bibi se sent mentalement et physiquement bien. Elle sera bientôt libérée parce que nous luttons pour sa liberté. Même si depuis les neuf années qu'elle est en prison, elle souffre, nous espérons obtenir sa liberté le plus vite possible.

Quand elle sera libérée, elle ne pourra assurément pas survivre en restant au Pakistan. Parce que beaucoup de gens là-bas exigent sa pendaison, malgré les prières du monde entier.

Dès qu'elle sera libérée, elle ira immédiatement dans un lieu sécurisé et sain.

Et elle avait raison, ma petite Eisham. Je remercie le Ciel tous les jours de nous permettre de vivre dans un climat calme et apaisé, loin de la fureur islamiste.

Mes soutiens, le prix à payer

On compare parfois la cruauté de l'homme à celle des fauves, c'est faire injure à ces derniers[1].

En prison, je savais que mes jours étaient comptés, et j'avais raison puisque j'avais été plusieurs fois témoin de disparitions brutales. J'ai souvent vu la mort arriver, comme lors de cette nuit d'horreur qui ne s'effacera jamais de ma mémoire.

J'ai été réveillée en sursaut par un hurlement, mais ne voyais rien d'autre qu'une profonde obscurité presque aveuglante. J'avais perdu toute notion de temps et d'espace, mais sur mon lit en cordes tressées, le froid de ma cellule m'a rappelé que j'étais bel et bien réveillée. J'ai tendu l'oreille, mais n'entendais plus rien ou plus exactement rien d'autre que la calme rumeur de la nuit. J'avais peut-être rêvé… Soudain, en réponse au premier cri, est venu un autre cri qui a retenti pour se perdre à nouveau. Puis une nouvelle série de plaintes prolongées m'a figée dans un silence quasi religieux, quand j'ai réalisé que ces

1. Fiodor Dostoïevski.

gémissements provenaient de la cellule d'à côté. C'était Bouguina, ma tendre voisine, qui hurlait à la mort. Ses cris semaient la panique dans ma tête. Ils se répercutaient sur les murs et semblaient pousser les barreaux de sa cellule. Mais personne ne réagissait. Pas même les veilleurs de nuit. C'était comme si j'étais seule à les entendre, ces cris qui résonnaient dans la nuit. Je me suis mise à hurler à mon tour pour l'aider.

— Bouguina, Bouguina, que se passe-t-il ?

— À l'aide… Besoin… docteur…

J'arrivais à peine à distinguer ce qu'elle disait, c'était haché, mais j'ai compris qu'il y avait urgence, tant elle semblait se tordre de douleur. Entre deux hurlements, je l'entendais vomir, vomir sa bile, vomir ses tripes.

Ma voix n'était pas très puissante mais elle était chargée d'émotion :

— Au secours ! À l'aide !

Je tapais ma détresse avec mes poings contre l'épaisse porte en bois de ma cellule, mais je n'entendais rien d'autre que les hurlements désespérés de ma seule amie. J'ai saisi ma gamelle en ferraille et j'ai tapé avec sur les pieds en métal de mon charpai[2] pour attirer l'attention des gardiens. J'avais l'impression de faire un ramdam pas possible, mais rien… aucune réaction comme si nous étions seules au monde, Bouguina et moi, dans cette prison. Plus tard, j'ai compris que personne ne voulait réagir, que chacun faisait semblant de ne pas entendre.

— Bouguina, Bouguina, parle-moi !

2. Charpai : lit traditionnel en cordes tressées.

Mais Bouguina ne répondait pas. Puis, à mon grand désespoir, elle n'a plus crié.

Je tournais en rond comme un lion en cage, en espérant que Bouguina se soit endormie :

— Bouguina, réveille-toi, dis-moi que tu vas mieux?

Silence...

J'ai ainsi veillé mon amie de cœur toute la nuit, sans réponse en retour, et l'écho de sa souffrance a résonné dans ma tête jusqu'au petit matin.

Le lendemain, j'ai descendu les petites marches qui menaient à la cour de la promenade. Comme à chaque fois, j'étais la dernière, toutes les détenues étaient déjà là. Je me suis approchée d'un petit groupe de jeunes femmes qui s'amusaient avec une balle de cricket.

— Excusez-moi, je me demande si ma tête ne me joue pas des tours, mais j'ai entendu des cris cette nuit, vous... vous... aussi?

Sans même considérer ma question, elles se sont retournées en bâillant et en chuchotant d'un air complice.

Je me suis mise à l'écart pour partir à la recherche de mon amie Bouguina. J'ai parcouru des yeux la petite cour, en vain. J'ai pensé qu'elle pouvait être à l'infirmerie quand une vieille femme à la peau toute fripée, assise sur un muret, m'a lancé froidement :

— Si c'est Bouguina que tu cherches, tu ne risques pas de la trouver, elle est morte cette nuit.

— Mais... non, non! Que s'est-il passé?

— On lui a mis du poison dans sa gamelle, ça arrive parfois tu sais...

— Elle ne peut pas être morte, ce n'est pas juste ! Mais pourquoi ?

— Va savoir…

— Je n'ai même pas su pourquoi elle était en prison, elle s'intéressait à moi tout le temps, elle était si douce, si gentille…

— Comme beaucoup de détenues ici, elle a été violée. La loi d'ici considère toute relation hors mariage comme *zina*, le péché d'adultère. Elle a eu la naïveté d'aller porter plainte après avoir été violée par un voisin, et au final, c'est elle qui a écopé de cinq ans de prison.

— C'est injuste ! Et toi, pourquoi es-tu ici, qu'as-tu fait ?

— Moi je suis ici depuis vingt ans parce que j'ai tué mon mari.

— Oh…

— Bah, je ne l'ai jamais aimé celui-là. Une nuit, ce chien a tenté de m'asperger d'acide et je savais qu'il allait le faire un jour, il m'avait menacée à plusieurs reprises.

— Mais pourquoi ?

— Bah pour des broutilles… Pour lui, je n'étais pas assez à sa botte, alors il voulait me donner une bonne leçon, sauf que cette nuit-là, quand je l'ai entendu rentrer dans ma chambre, j'étais prête à le recevoir. Avant même qu'il tente quoi que ce soit, je lui ai donné un coup sur la tête avec la machette qui sert à couper les tiges de canne à sucre.

J'étais choquée.

— Ne prends pas cet air, ma petite, il a eu ce qu'il méritait et ma vie est bien meilleure depuis que je suis en prison. Et ton mari ?

— Oh, mon mari, il est bon et généreux et…

DRING!

Alors que toutes les femmes se dirigeaient sans délai vers la porte de la sortie, la vieille femme a chuchoté :

— Si j'étais toi, Asia, je ferais attention à ce que je mange...

J'ai frissonné d'effroi en réalisant que, même en prison, je pouvais être tuée. De retour dans ma cellule, j'ai mesuré combien la perte de mon amie Bouguina allait renforcer un peu plus mon isolement...

En prison, il m'est arrivé plusieurs fois d'avoir des idées noires et de perdre espoir. Neuf années enfermée loin des miens, oscillant entre espérance et désillusion, je sentais ma mort proche. Et il s'en est fallu de peu pour que je renonce et laisse le tombeau se refermer sur moi. Quand j'ai appris la mort du gouverneur et du ministre, à peu de temps d'intervalle, j'ai été tentée d'abandonner. Je sentais les barreaux de ma cellule m'encercler davantage, j'étouffais. Ces murs étroits se rapprochaient. Le suicide comme délivrance. Disparaître pour sauver mon mari et mes enfants, j'avoue y avoir pensé... mais pas longtemps. Je n'avais pas le droit d'abandonner mes filles qui, toutes ces années, ont attendu le retour de leur maman, et Dieu sait qu'elles avaient raison d'y croire. Aujourd'hui, je savoure chaque nouvel instant passé avec elles, quel bonheur de les retrouver même si j'ai raté de nombreuses étapes. Je me suis toujours laissé guider par la foi et, dans ma religion, se laisser mourir est un péché très grave. Je crois que notre vie et notre destinée ne nous appartiennent pas. Ma vie est au Seigneur, je le sais, et si je suis libre et en vie aujourd'hui, non seulement je le lui dois mais ce n'est sans doute pas un hasard. Dieu m'avait confié une mission. Et puis mon histoire n'aura pas été inutile car elle va aider d'autres gens comme moi et, qui sait, peut-être leur éviter la peine de mort. L'Occident a été ému par mon sort et tous les projecteurs se sont braqués sur le Pakistan lorsqu'il a été question de mon jugement pour blasphème. La justice pakistanaise fera désormais attention en suivant le modèle adopté par la Cour suprême qui a eu le courage de m'innocenter.

Si je ne survis plus très longtemps parce que ces longues années enfermées dans le noir m'ont considérablement affaiblie, je veux continuer à témoigner durant les quelques années qu'il me reste pour saluer mes défenseurs qui étaient des hommes bons. J'avais été surprise par le soutien de Salman Taseer parce qu'il était puissant et musulman : s'intéresser à une fille comme moi, et chrétienne en plus, alors qu'il était le gouverneur du Pendjab ! J'avais du mal à y croire, et il m'avait tant réchauffé le cœur lorsqu'il était venu me voir en prison. C'était quelques semaines après l'annonce de ma première condamnation à mort. Ce matin-là, comme tous les matins, j'avais été réveillée par le chant du muezzin qui résonnait dans les haut-parleurs de la prison.

« Allah Akbar, Allah Akbar. »

J'aimais beaucoup entendre la prière qui, dans la paix glacée du petit matin, rythmait mes journées. Ce chant du muezzin réchauffait mon cœur car j'en profitais pour prier moi aussi, en pensant à mon Dieu. À chaque réveil, j'adressais cette prière à Jésus en lui confiant ce que je désirais le plus.

Seigneur Jésus, j'accueille ta présence réelle et miraculeuse dans tout ce que je suis et cela inclut mes blessures, mes fragilités. Je te reçois aussi dans tous mes soucis et tous mes problèmes de ce jour. Je suis ton enfant chéri malgré tous mes défauts. Ce matin, je t'ouvre la porte de tout mon être et je suis dans la joie de te savoir en moi.

J'étais agenouillée sur le sol humide de ma cellule, les mains jointes posées sur mes genoux quand le répugnant Khalil a ouvert la porte avec fracas. Il était enveloppé dans une couverture propre et épaisse qui me faisait envie :

— Bouge-toi, on y va !

J'étais inquiète parce que ce n'était pas le jour des visites, et Ashiq était venu me voir la veille. À cette époque, il n'avait droit de venir qu'une fois par semaine. Ashiq vivait évidemment caché et déménageait souvent mais n'a jamais cessé de me rendre visite malgré les risques qu'il encourait.

Dans le long corridor, en suivant les pas de Khalil, j'étais fébrile comme une condamnée à mort. Les semelles de ses bottes faisaient résonner ses pas tout autour de lui. Je connaissais cet écho par cœur, j'aurais reconnu le bruit de sa marche tranquille et fière entre mille autres.

J'observais la peinture jaunâtre défraîchie qui s'écaillait sur le mur quand, en passant devant une porte, j'ai entendu une voix d'outre-tombe.

— T'es foutue Asia, c'est ton heure, tu vas y passer…

D'autres voix ricanantes se sont élevées :
— La corde, la corde !
— La ferme ! a tempêté Khalil.

Le garde a tourné à gauche, je regardais partout autour de moi avec frayeur car je ne connaissais pas ce couloir au sol propre. Puis j'ai entendu au loin un garde saluer avec déférence l'arrivée d'un homme. Khalil a poussé une porte, et un homme sûr de lui s'est avancé vers moi :
— Bonjour Asia, je suis Salman Taseer, le gouverneur du Pendjab, et je connais ton histoire.

L'homme était grand, massif, et derrière ses lunettes, je devinais déjà sa bonté. Tout en s'asseyant sur une chaise, le gouverneur m'a demandé si je tenais le coup. Je me souviens avoir regardé Khalil qui était resté posté là près de la porte. Il savait, lui, que c'était l'un des hommes les plus importants du Pakistan, et ça me faisait tout drôle de le voir baisser les yeux avec l'air d'un garçon pris en faute, en appréhendant ma réponse. J'aurais peut-être dû lui dire qu'il me traitait mal. Le puissant gouverneur aurait pu me faire changer de garde, il en avait le pouvoir, mais je n'osais pas, tout était si compliqué déjà, si confus dans ma tête.

J'ai donc soufflé un « oui » timide avant de réaliser que je n'étais pas présentable. J'avais les mains sales et les ongles de pieds à moitié décollés. Mon uniforme jadis orange était raidi par la crasse et mes cheveux que je n'avais pas lavés depuis des semaines étaient recouverts de poussière. J'avais honte de me présenter ainsi, ce n'était pas correct.
— Tu vas voir Asia, on va te sortir de là.

Ces mots ont résonné en moi comme le signe de la délivrance. Je lui ai lancé un regard vif et perçant comme si un regain d'espoir avait ranimé mes yeux.

— Cela veut-il dire que je vais pouvoir revoir mes filles ?

— Oui, bien sûr. Tu sais je suis en train de tout mettre en œuvre pour faire annuler ta condamnation à mort, et beaucoup de gens te soutiennent. Il y a mon ami le ministre chrétien des Minorités, Shahbaz Batti, qui fait tout son possible au sein du gouvernement. Et puis, il a demandé de l'aide à une journaliste française qui est d'accord pour en parler dans ses journaux… Mais pour commencer, je vais organiser ici même, dans quelques jours, une conférence de presse pour que tu puisses dire au monde entier que tu es innocente.

Sur l'instant, j'ignorais ce qu'était une conférence de presse mais je n'ai pas osé lui demander.

Avant de partir, il a ajouté :

— Tu sais Asia depuis que le Pape s'est prononcé à ton sujet, l'affaire a pris une mauvaise tournure. Les musulmans n'aiment pas que les chrétiens s'immiscent dans nos affaires. La situation est désormais très critique car, pour les radicaux, l'Église catholique a porté atteinte à l'islam. Ils vont t'utiliser, Asia, pour obtenir réparation… mais ne t'inquiète pas, on ne les laissera pas faire.

Quelques jours plus tard, le gouverneur a tenu sa promesse et là j'ai compris ce que signifiait « conférence de presse. »

J'ai été escortée sans chaînes et sans menottes par Khalil dans une salle que je ne connaissais pas. Un peu plus tôt dans la journée, le méchant gardien m'avait jeté à la figure le sari que je portais le jour de mon incarcération.

— Habille-toi, c'est ton heure, avait-il dit en repartant aussi sec.

Sur l'instant, je ne savais quoi penser. Si j'enlevais mon uniforme de prisonnière, c'était peut-être parce que j'allais sortir de cet endroit infernal ?! Ou alors les autorités se disaient que je serais peut-être moins désespérée si on me pendait dans mes propres vêtements... Je me suis habillée avec plus de vivacité que d'habitude tout en étant désordonnée. Enfin débarrassée de cet uniforme, j'avais le sentiment de ne plus être détenue, je me sentais presque légère, confiante, d'autant qu'il me plaisait ce sari aux couleurs chocolat que j'avais acheté avec le fruit d'une cueillette. Ashiq l'aimait bien aussi, il me disait qu'il m'allait bien. Dans ma misérable cellule, j'avais l'impression de retrouver un peu de dignité.

Khalil est revenu me chercher sans rien dire. Pour une fois, pas d'injure, pas de moquerie. Il s'est juste contenté de faire son travail qui consistait ce jour-là à me conduire jusqu'à cette porte. Nous sommes entrés. J'ai été éblouie par une lumière qui blessait mes yeux tant ils s'étaient habitués à l'obscurité. Il y avait beaucoup de monde, beaucoup de bruit aussi. Je me sentais traquée comme un animal et menacée par ces projecteurs et ces flashs qui crépitaient. Dans un brouhaha indicible, micros, caméras et journalistes me regardaient comme si j'étais une bête curieuse. Sur l'estrade, une table avec deux micros, deux chaises vides et un petit drapeau pakistanais.

Une jeune femme non voilée s'est approchée de moi en me chuchotant :

« Mets bien ton voile Asia, on ne doit pas voir tes cheveux, il ne faut pas provoquer les barbus… »

J'ai appris plus tard que c'était Sherbano Taseer, l'une des filles du gouverneur qui, elle aussi, a dû fuir le Pakistan après la mort de son père.

Le gouverneur est monté sur l'estrade, a regardé sa fille en lui signifiant qu'il était temps. Sherbano a réajusté mon voile avec délicatesse puis a délicatement posé sa main sur mon épaule pour me donner confiance.

— Allez, vas-y Asia, n'aie pas peur, tout va bien se passer, me dit la jeune femme aux cheveux luisants et bien peignés.

Seuls mes yeux étaient visibles sous mon voile intégral. J'étais très intimidée par toutes ces caméras qui me regardaient. Maintenant que je suis autorisée à parler, je réalise que je vais devoir me préparer à répondre aux journalistes et à ne plus avoir peur des caméras qui me filment. À cet instant, j'étais confuse, mal à l'aise, car c'était la première fois que je parlais devant une assemblée. Je me suis assise un peu en retrait (moi, une fille de ferme, à côté d'un homme comme lui… !), puis le gouverneur a pris la parole avec assurance.

— Je vous ai réunis ici pour défendre cette femme condamnée injustement à mort pour délit de blasphème. Nous ne pouvons plus fermer les yeux devant l'inquiétante montée des islamistes dans notre pays. Faut-il rappeler que la liberté d'exercer sa religion est inscrite dans notre constitution ? Nous sommes les héritiers du fondateur de notre pays, Ali Jinnah, dont la photo trône dans nos bureaux, vos maisons, nos écoles. Jinnah avait édifié ce pays en 1947 en inscrivant cela dans la constitution. »

Il avait enlevé ses lunettes pour lire et je me suis dit qu'en général on faisait l'inverse… mais moi qui étais et suis toujours analphabète, je n'en sais finalement rien.

— « Vous êtes libres, vous êtes libres de fréquenter vos mosquées, vos temples et n'importe quel lieu de culte dans l'État du Pakistan. Vous pouvez appartenir à n'importe quelle religion, caste ou foi, cela n'est pas l'affaire de l'État. »

Il a redressé la tête et remis ses lunettes :

— Voilà ce que le père fondateur de notre pays déclarait devant la première assemblée du pays le 11 août 1947. Depuis seulement quelques années, j'observe que cette loi est devenue une arme pour régler ou mettre un terme à des disputes. Depuis vingt-cinq ans, des milliers d'hommes et de femmes ont été accusés de blasphème, en étant tous condamnés à une mort sociale, si ce n'est à la mort tout court. À Sanghar, une petite ville à cinq heures de route de Karachi, Ghulam Rassoul, un homme de confession chiite, pleure toujours son jeune frère, Anis Mallah. Membre d'une caste de pêcheurs, Anis avait tenu tête à une tribu rivale qui voulait s'approprier ses zones de pêche sur un lac poissonneux. Un jour, Anis a perdu le contrôle de sa moto et a trébuché par accident sur un monument dédié au prophète Mahomet. Ses ennemis l'ont accusé de blasphème, il a été jeté en prison. Quelques mois plus tard, on l'a retrouvé mort dans sa cellule, la tête fracassée à coups de briques, les yeux sortis de leurs orbites.

Après un long brouhaha de conversations, le gouverneur s'est tourné vers moi :

— Vas-y Asia, raconte ce qui s'est passé...

J'avais peur de me lancer mais Salman Taseer m'a regardée avec bienveillance en me faisant un petit signe d'encouragement.

Silence total, les journalistes étaient suspendus à mes lèvres.

Je n'étais pas à l'aise, je ne parlais pas tout à fait assez fort pour les caméras de télévision, mais tout le monde m'a écoutée avec beaucoup attention. C'était pour moi l'occasion de dire au monde que je n'avais rien fait de mal. J'ai pris une grande inspiration et je me suis lancée.

— Je n'ai rien fait de mal, je respecte l'islam mais des femmes s'en sont prises à moi parce que j'ai bu dans le même puits qu'elles. Je suis chrétienne, mais j'aime mon pays musulman, et maintenant la justice veut me tuer, alors que je suis innocente. Après la dispute, j'ai été battue par une foule déchaînée, et les policiers m'ont jetée en prison. Le juge du tribunal de Nankana Sahib m'a condamnée à mort, mais je suis innocente.

Sur l'instant j'étais soulagée d'avoir pu dire la vérité, mais si j'avais su que deux mois plus tard, cette conférence de presse coûterait la vie à ce bon gouverneur Taseer...

Le gouverneur a renchéri :

— Et ce n'est pas qu'une affaire de chrétiens. Souvenez-vous de ce musulman jeté en prison et tué par ses gardiens avant même d'être jugé. Cet homme ne voulait pas vendre ses terres. Pour s'en débarrasser, celui qui voulait les racheter avait déchiré des pages du Coran qu'il avait déposées devant sa porte. Cette loi du blasphème est indigne de notre pays et de notre grande religion. Nous, les héritiers d'Ali Jinnah, nous trahissons notre maître en bafouant les principes sur lesquels il a édifié notre pays.

Puis il a attrapé le petit drapeau pakistanais posé sur la table et l'a brandi comme un gourdin devant les journalistes. « Le vert pour l'islam, le blanc pour les minorités. » J'ai appris ce jour-là que le blanc était pour nous. Ça m'a fait chaud au cœur de savoir qu'à une époque les minorités étaient bien considérées. Nous, les chrétiens, avions donc la légitimité pour vivre dans cette république islamique du Pakistan.

Le gouverneur a terminé ainsi son plaidoyer :

— La condamnation à mort pour cette ouvrière agricole est une sentence cruelle et inhumaine. Je réclame « la grâce » pour cette femme.

Après avoir pris ses positions téméraires, Salman Taseer s'est donc retrouvé dans le collimateur des islamistes. Les haut-parleurs de certaines mosquées appelaient au meurtre du gouverneur « blasphémateur ». Les mollahs ont mobilisé leurs troupes à travers tout le pays pour défendre dans la rue la loi du blasphème, considérée comme divine. Mais malgré tout, personne au Pakistan ne s'attendait à ce qu'une personnalité aussi importante que le « grand Salman » soit brutalement assassiné. C'est le ministre Batti qui est venu me l'annoncer lors d'une de ses visites en prison.

Assise sur mon lit de corde, j'observais une grosse mouche noire faire des va-et-vient dans ma gamelle de riz sale. Puis la mouche a déguerpi avec la rapidité d'une flèche. J'ai sursauté quand mes yeux sont tombés sur

Khalil, enveloppé dans sa couverture chaude, en train de m'observer à l'intérieur même de ma cellule.

— Je t'ai bien eue, hein ? Allez suis-moi... !

Je suis restée sans voix. Comment avait-il pu s'introduire dans ma cellule sans que je m'en rende compte...

— Mais tu vas te bouger le cul ! Je te dis de me suivre !

Pour la première fois depuis mon arrivée, Khalil m'a accompagnée dans le bureau du directeur de la prison. La première et la dernière fois que j'y mettais les pieds.

— En tant que responsable de ce centre pénitencier, c'est un honneur, monsieur le ministre Batti, de vous recevoir. Ici, nos détenues sont très bien traitées, nous demandons aux gardes de faire preuve d'humanité envers ces femmes, n'est-ce pas Khalil ?

— Oui monsieur le directeur.

Le ministre Shahbaz Batti, qui était déjà venu me voir plusieurs fois, avait sa tête des mauvais jours. Il a sèchement sommé le directeur de nous laisser seuls. Celui-ci, visiblement contrarié d'être ainsi remercié, a grommelé un servile « bien sûr, monsieur le ministre... » avant de disparaître avec Khalil.

L'air soucieux, Shahbaz Batti s'est assis sur une chaise en m'invitant à faire de même.

— Je suis venu t'annoncer une bien triste nouvelle. Le gouverneur du Pendjab vient d'être assassiné par son propre garde du corps. Son assassin a avoué avoir tué le gouverneur parce qu'il mettait l'islam en danger en prenant ta défense et en voulant abolir la loi du blasphème.

Je me suis décomposée. Comment ce gouverneur, cet homme si puissant, respecté de tous, pouvait-il mourir à cause de moi ? J'étais bien loin d'imaginer que ce serait aussi bientôt le destin de ce bon ministre.

— Asia, ton cas est devenu une affaire d'État maintenant, la situation est très sensible et le gouvernement ne veut surtout pas être mêlé à ton histoire ni réformer cette loi…, a-t-il dit, l'air abattu, mais j'ai recruté un avocat qui va faire appel de ta condamnation. Ça veut dire que tu vas être rejugée par la Haute Cour de Justice de Lahore, c'est une bonne nouvelle…

— Quand ?

— On ne sait pas, ça peut prendre du temps et c'est pour ça que j'ai pris une décision. J'ai demandé que tu sois déplacée dans une cellule isolée où tu seras filmée par des caméras de surveillance 24 heures sur 24. Ta nourriture sera apportée crue et tu la cuisineras toi-même dans ta cellule. Tu n'iras plus à la promenade… Ça va être dur, Asia, mais c'est le seul moyen d'assurer ta sécurité.

À ce moment-là, le téléphone portable du ministre a émis un bip. Il a lu un SMS puis a redressé la tête vers moi.

— Tu n'es pas seule, Asia, je suis là et puis il y a une journaliste occidentale qui veut écrire un livre sur toi, elle vient de me le signifier. C'est notre seule chance tu sais, il faut que la communauté internationale s'émeuve de ton sort…

J'ai acquiescé pour signifier que j'avais compris.

— Je n'ai pas de nouvelles de mes enfants et de mon mari, j'aimerais les voir, je suis morte d'inquiétude…

— Ils sont sous ma protection depuis le début, ils vivent cachés dans une maison à Lahore, et pour le moment, ils ne peuvent pas venir sans risquer de se faire tuer, mais bientôt...

Je me suis mise à sangloter. L'homme corpulent et moustachu a posé sa main sur ma tête en me soufflant :

— Ne perds pas espoir, Asia, tu seras libérée, j'en suis convaincu.

Il avait raison. Mais j'ignorais alors que cela prendrait presque dix ans pour que je sois innocentée et libre. Je crois que je n'aurais pas eu le courage de tenir si j'avais su alors que ce n'était que le début de mon calvaire.

Cinq jours après l'assassinat du gouverneur, les ordres du ministre ont été entendus. Le garde Khalil est entré comme une furie dans ma cellule en tempêtant.

— Lève-toi ! Ton copain chrétien a imposé de nouvelles règles. Tu vas changer de cellule et tu seras loin des autres. Mais ne te réjouis pas car, pour toi, c'est fini les promenades ! Tu ne mettras plus jamais le nez dehors, tu ne respireras que ton air putride et, tout ça, ce serait pour ta propre sécurité soi-disant... Mais si j'étais toi, je me méfierais.

Sur le coup, pétrifiée, je n'ai rien dit. Lui a renchéri comme si rien ne pouvait l'arrêter :

— Tout le monde veut que tu meures, alors si tu crois que ce petit déménagement va te sauver la vie, tu te mets le doigt dans l'œil, tu t'en sortiras pas, tu t'en sortiras jamais. Regarde Salman Taseer, c'est son garde du corps qui l'a tué et il est devenu un héros dans tout le Pakistan. Eh bien, moi je suis un peu comme ton garde du corps dans cette prison, si tu vois ce que je veux dire… et j'aimerais bien moi aussi devenir un héros national en me débarrassant de ta pourriture.

J'ai eu envie de lui demander pourquoi il ne le faisait pas, ce qui le retenait, mais j'ai eu peur de prendre des coups.

— Écoute-moi bien, même Rheman Malik, le ministre de l'Intérieur, a dit qu'il tuerait de ses propres mains quelqu'un qui commettrait un blasphème devant lui. Ton chrétien, tout ministre qu'il est, ne pèse rien face à lui ! Alors tu peux continuer à faire tes sales prières si ça te fait plaisir, mais tu n'échapperas pas à l'enfer !

Je prie tous les jours pour le salut du gouverneur. Et c'est en voyant un documentaire qui revenait sur mon histoire, à la télévision canadienne, que j'ai compris que sa mort, en 2011, avait totalement divisé mon pays. Khalil, lui, me l'avait annoncé ainsi : « Ton ange gardien a été assassiné par ta faute. Ton gouverneur bien-aimé, Salman Taseer, ce traître de musulman, baigne dans son sang parce qu'il a pris ta défense. Bon débarras ! »

Ce documentaire rapportait les circonstances de sa mort et tout le contexte autour. Dans ma cellule, je n'avais que les informations au compte-gouttes parce qu'Ashiq voulait me préserver des événements extérieurs pour ne pas m'affoler. Il avait sans doute raison, j'étais suffisamment accablée comme ça, en ne sachant pas grand-chose.

Le commentaire à la télévision disait : « Après huit ans de bons et loyaux services, Mumtaz Hussein Qadri, le policier garde du corps de Salman Taseer, a criblé son protégé de vingt-neuf balles en plein jour, à Khosar Market, un marché huppé de la capitale. » L'image était terrifiante, on voyait l'assassin du gouverneur afficher un large sourire devant les caméras de télévision. Celui qui était chargé d'assurer la protection du gouverneur s'était immédiatement constitué prisonnier, en expliquant ainsi son acte : « Il méritait d'être tué parce qu'il avait qualifié la loi du blasphème illégitime. »

L'aveuglement des extrémistes est tellement fort ! J'étais sidérée de voir que, dans la foulée, le meurtrier Qadri avait été promu au rang de héros national. Je voyais les religieux aduler ce meurtrier en criant au *Jihad*. Et à l'appel des islamistes, dès le lendemain, des milliers de personnes avaient manifesté dans les grandes villes pour demander la libération de l'assassin du gouverneur du Pendjab. À Karachi, le vice-président du Jamaat-e-Islami, avait aussi qualifié Mumtaz Qadri de « héros de l'Oumma[3] », et avait averti que toute condamnation conduirait à de nouvelles manifestations. Je n'imaginais pas l'ampleur que cela avait pris, depuis ma cellule. Il avait même été demandé l'expulsion de tous les représentants du Vatican au Pakistan, à cause du message de soutien du pape Benoît XVI.

C'était effrayant de voir ces démonstrations de joie. Comment pouvait-on saluer le geste de quelqu'un qui donne la mort jusque dans les cours de justice ? Devant la prison de Rawalpindi près d'Islamabad, la télévision montrait des centaines de gens et même des avocats qui

3. Communauté des musulmans, la nation islamique.

montrait des centaines de gens et même des avocats qui attendaient Mumtaz Qadri avec des colliers de fleurs, en le proclamant « lion de l'islam ».

Le documentaire m'avait aussi appris que le fils de Salman Taseer n'avait pas été épargné par les fanatiques puisqu'il était le fils de son père. Le prix à payer pour cet homme et sa famille a été si élevé ! Non contents de voir le père assassiné, des talibans ouzbekhs ont dans la foulée kidnappé son fils, Shahbaz Taseer, âgé d'une vingtaine d'années, et lui ont fait subir les pires tortures. Les larmes me montent encore aux yeux car je me sens responsable de la souffrance de cette famille qui a été privée de deux êtres chers, presque en même temps : l'un assassiné l'autre enlevé et torturé. Sa famille a probablement dû le croire mort. Il s'est écoulé cinq ans avant que Shahbaz Taseer ne réussisse à s'échapper pour retrouver les siens ! Cinq longues années de souffrances horribles qui font froid dans le dos.

Enfin libre, Shahbaz n'a pas voulu parler aux journalistes et je le comprends. Peut-être était-il trop choqué ? Sans doute voulait-il seulement reprendre une vie normale avec sa famille ? Mais comment reprendre une vie normale après avoir subi tant de souffrances et si jeune ? Je pense que ce qu'il a enduré est pire que ce que j'ai vécu.

Dans le documentaire, ils disaient qu'il avait finalement bien voulu témoigner et raconter son histoire mais en s'adressant directement aux gens, sur internet, dans une sorte de journal qu'on appelle Twitter, où les gens pouvaient lire ce qu'il écrivait jour après jour. Au début, Shahbaz n'avait pas raconté les sévices subis. Il avait surtout dit sa joie de retrouver sa femme. Les gens se sont passionnés pour son histoire et viennent encore aujourd'hui le lire pour le soutenir en lui envoyant des messages et en lui posant des questions. Ce qui est incroyable c'est que Shahbaz parvienne même à plaisanter ! Moi je n'y arrive pas et je pense que je n'y arriverai jamais. Il disait qu'au bout de cinq ans, ce qu'il avait trouvé le plus changé, c'était la coiffure de sa femme ! Et puis, petit à petit, il s'était mis à raconter toute la vérité sur ce qu'on lui avait fait. J'en ai pleuré de douleur pour lui. Les extrémistes avaient réalisé des vidéos insoutenables des tortures qu'ils lui avaient infligées pour les envoyer à sa famille : ils lui ont lacéré le dos et recouvert les entailles de sel, ils l'ont fouetté et lui ont même cousu la bouche en le privant de nourriture pendant de longues journées. Ils lui ont arraché les ongles des mains et des pieds, et l'ont enterré vivant plusieurs jours de suite. Les talibans lui montraient des photos des membres de sa famille en les insultant et en lui faisant croire que ses proches l'avaient oublié… Là encore, Shahbaz Taseer arrivait malgré tout à faire de l'humour. Il avait écrit que même si ses gardiens étaient cruels, « leurs turbans étaient *cool* ! ». Probablement une façon de dire qu'il n'était pas atteint, qu'il restait un homme debout. Quand on a le cœur bon comme celui de Shahbaz, on trouve de la force même dans les pires situations. Entendre toutes ces insultes et ces menaces lui déchirait le cœur mais il n'a jamais douté du combat de ses proches pour le retrouver. Il avait aussi raconté que parfois la solitude le rendait fou et que son meilleur ami, pendant tout ce temps, était une araignée qu'il avait baptisée *Peter* ! Un peu comme moi avec mon rat que j'avais appelé *petit rat.* Je comprends si bien ce qu'il a pu ressentir, un mélange de désespoir et de force dans ce combat quotidien qu'il a fallu mener, heure par heure, pour garder la tête haute et avancer.

Il se trouve aussi que Shahbaz est un homme pieux et que la prière l'a beaucoup aidé pour supporter tout ça. Ça me donne de la joie au cœur de penser que, comme moi, il a été porté par Dieu et par la prière. Je suis chrétienne et lui musulman, mais Dieu nous a épaulés, apporté le même soutien.

Ses gardiens l'ont aussi souvent déplacé d'un endroit à un autre pour qu'on ne puisse pas le retrouver. Ils voulaient l'échanger contre de l'argent et des extrémistes emprisonnés. À la télévision, ils parlaient de 2 milliards de roupies ! Mais qui peut payer une somme pareille ?

Le pauvre jeune homme a quand même fini par avoir de la chance dans son calvaire. Un jour, des talibans, afghans cette fois-ci, les ont capturés lui et ses gardiens parce qu'ils étaient ennemis. Au début, ces talibans ne voulaient pas croire que Shahbaz était prisonnier et l'ont condamné à être emprisonné comme ceux qui l'avaient enlevé. Mais finalement, l'un des talibans a fini par comprendre que Shahbaz Taseer n'était pas un taliban ennemi et l'a aidé à s'échapper. Une fois libéré, il a dû marcher longtemps, des kilomètres et des kilomètres, malgré la fatigue et son état de faiblesse. Et puis, arrivé dans un village, il a pu appeler sa mère pour lui annoncer qu'il était en vie.

Shahbaz Taseer a été retrouvé juste au moment où l'assassin de son père, Mumtaz Quadri, venait d'être pendu pour son crime. Il a d'ailleurs expliqué à quel point il avait pensé à son père durant tout son emprisonnement. Il lui parlait, il voulait être à la hauteur du grand homme qu'il avait été, car Shahbaz aussi se battait contre toutes les injustices faites aux minorités et aux femmes. Je prie Dieu tous les jours pour lui et sa famille. Grâce à des personnes comme lui, je ne cesserai jamais d'aimer mon pays et d'avoir confiance en l'avenir. Le courage de cet homme est incroyable. Il a continué à échanger avec les gens sur son journal d'internet. Il partage ses goûts, ses nouvelles joies et tout ce qu'il a envie de faire à nouveau pour se sentir en vie, comme manger des pizzas ou suivre les résultats du football ! Shahbaz sait que ses gardiens lisent parfois son journal : raconter tout ça avec humour est aussi une façon pour lui de montrer aux extrémistes qu'ils n'ont pas réussi à le briser comme ils l'auraient voulu, qu'il est là, toujours plus fort et plein d'amour pour son pays et qu'il n'arrêtera jamais de se battre contre l'injustice.

Moi, je crois que cet humour cache aussi sa souffrance et sa tristesse. On ne peut plus être pareil après avoir vécu l'enfer sur terre. Je pense que, comme moi, il doit faire des cauchemars et que son esprit est souvent tourmenté par la peur.

Par lâcheté et par crainte des représailles, le documentaire expliquait avec des images de l'époque que les membres du gouvernement avaient fait la promesse de ne jamais réformer les lois anti-blasphème à l'exception du ministre des Minorités Shahbaz Batti. Ce bon ministre, qui était l'unique chrétien du gouvernement, osait encore faire campagne pour moi alors que, le jour de la mort du gouverneur, son père avait eu une crise cardiaque parce qu'il savait que son fils serait le prochain sur la liste. C'est Ashiq qui me l'avait raconté et il avait terriblement vu juste ! Deux mois après l'assassinat du gouverneur, Batti le catholique a été abattu à son tour, dans le centre d'Islamabad, lors d'un déplacement en voiture pour se rendre chez sa mère. Cet assassinat a été revendiqué par les talibans pakistanais qui avaient laissé des tracts sur les lieux du crime. Depuis sa mort, des demandes de béatification sont recueillies dans différentes églises du Pakistan parce que le Vatican a accepté l'ouverture d'une enquête. Chaque jour, je prie pour que l'Église reconnaisse officiellement qu'il a sacrifié sa vie pour en sauver d'autres.

Pendant les trois mois qui ont suivi la mort de mes protecteurs, je me suis abandonnée au chagrin et à la honte d'avoir causé autant de tourments à ceux qui croyaient en mon innocence. Aujourd'hui, je ressens beaucoup de tristesse mais aussi de la fierté et de la joie. Cela signifie que l'espoir est toujours là pour un avenir meilleur, qu'il ne faut jamais s'arrêter de prier ni d'y croire.

En mars 2011, la journaliste Anne-Isabelle était la seule à se démener pour venir me voir. Malgré son obstination, et la mort d'un ministre et d'un gouverneur, les autorités n'ont jamais voulu qu'une journaliste, qui plus est étrangère, me rende visite et écrive le livre de mon histoire. Pour que ma voix puisse résonner au-delà des murs de cette prison, elle a dû imaginer avec Ashiq un stratagème. Elle posait, avec l'aide de son traducteur personnel, des questions à Ashiq qui me les posait. Moi, je lui répondais et Ashiq transmettait oralement mes réponses à Anne-Isabelle qui l'attendait dans sa voiture devant la prison. Ce livre représentait une petite lueur d'espoir dans nos cœurs blessés. De cette façon, la journaliste m'interrogeait, par exemple, sur mon quotidien en prison et j'étais étonnée qu'elle puisse s'intéresser autant à ma pauvre condition de détenue. Elle voulait savoir dans le détail ce que je faisais de mes journées, à quelle heure je me levais, me couchais, ce que je mangeais, la taille de ma cellule... Ashiq me disait qu'elle était souvent pressée, impatiente, mais aussi gentille et charitable. Anne-Isabelle avait également questionné Ashiq sur notre vie personnelle, ainsi que mes filles, puis, à l'approche de l'été, Ashiq était venu me voir avec Tahir, mon premier avocat qui parlait l'anglais, pour me traduire le livre que la journaliste avait écrit.

À la fin de la lecture, je n'en revenais pas. C'était ma vie, mes pensées, mes tourments, elle avait tout raconté comme si elle avait été en cellule avec moi.

— Ce livre, qui va s'appeler *Blasphème,* va être traduit dans le monde entier. Asia, tu vas être aussi connue que le Pape ! m'avait chantonné Ashiq.

Moi, j'ouvrais des grands yeux ronds et je repensais à ce que m'avait dit le ministre Shahbaz :

— Tu sais, Ashiq, Shahbaz Batti m'avait dit que se serait le seul moyen pour sortir d'ici. Il fallait, selon lui, que le monde entier me connaisse pour être mieux défendue...

À cet instant, ni Ashiq ni moi ne comprenions comment un livre pouvait m'aider à sortir de prison. Mais lorsque le livre a pu être acheté dans des librairies, j'ai vu la différence. Ma famille a été invitée en France, en Espagne, en Suisse, en Italie pour raconter ma tragédie. Le livre avait touché le cœur des gens et Anne-Isabelle avait ainsi pu interpeller des personnalités politiques et même parler de moi à l'ONU devant les représentants du monde entier.

Depuis que j'avais été placée en cellule d'isolement, je n'avais plus accès au parloir comme avant et, derrière les grilles de ma cellule, j'entrevoyais à peine le visage chiffonné d'Ashiq.

— Que se passe-t-il Ashiq, tu m'inquiètes, ce sont nos filles ?

— Non non, tout va bien pour elles, ne t'inquiète pas, c'est juste qu'hier, quand Anne-Isabelle est venue nous voir pour nous apporter le manuscrit, elle nous a fait une annonce terrible : « Je vais partir après-demain pour la France parce que je suis moi aussi menacée de mort au Pakistan. Les services secrets français m'ont alertée et je reçois des coups de fil anonymes qui me disent qu'on va me tuer parce que j'ai écrit avec Asia *un livre contre l'islam.* »

Ashiq m'a raconté alors la suite de la conversation avec Anne-Isabelle :

— Mais ce n'est pas vrai, tu as écrit un livre sur maman, a déploré Eisham.

— Bien sûr, mais tu sais bien qu'on ne peut pas raisonner les fanatiques, et même si j'en suis désolée, je ne peux plus rester ici, et mettre ma vie et celle de mes enfants en danger.

— Oh mais je ne savais pas que tu avais des enfants ! Ils ont quel âge ? Tu as des photos ?

— Oui Eisham, je vais te montrer, mais d'abord écoutez-moi tous car c'est important : depuis Paris, je continuerai à vous soutenir et, grâce à ce livre, vous n'aurez pas de problèmes d'argent, car vous toucherez ce qu'on appelle des droits d'auteur...

Très émue, Eisham a répondu :

— Tu es notre seule chance désormais, il ne faut pas que tu nous oublies quand tu seras dans ton pays.

Cette nouvelle m'a bouleversée, parce qu'à cette époque, Anne-Isabelle était la dernière personne à nous soutenir au Pakistan. Je craignais qu'elle ne nous abandonne. Loin des yeux, loin du cœur... et j'aurais très bien compris, notre pays est tellement différent pour les Occidentaux. Et puis, comment pourrait-elle m'aider depuis la France ? C'est trop loin, et sa vie serait bien remplie, elle allait forcément nous oublier une fois là-bas.

— Je pense qu'elle nous oubliera, Ashiq, et c'est normal, en plus elle est journaliste, elle racontera l'histoire d'autres gens.

Ashiq m'a assuré qu'elle serait toujours là pour moi mais son visage exprimait un certain trouble. L'avenir me montrera que j'avais tort. Elle a toujours été présente pour nous et elle a réussi à me sortir de cette prison ! Encore aujourd'hui, elle se préoccupe de notre bien-être alors que nous sommes sauvés. Elle est devenue un membre de notre famille.

Multan, la prison

La méchanceté, pour se faire encore pire, prend le masque de la bonté[1].

Deux années ont passé, durant lesquelles je subissais toujours la maltraitance de Khalil et attendais, pétrie d'angoisse. Les jours se suivaient et se ressemblaient cruellement, inlassablement. Les rares bouffées d'air me venaient de l'extérieur, lorsque ma famille me rendait visite. Mais elle avait trouvé son rythme de vie, sans moi… Mes proches devaient rire parfois, éprouver de la joie, loin de moi. C'était très douloureux et rassurant à la fois. Ashiq m'a présenté un nouvel ami, Joseph, directeur d'une petite école chrétienne à Lahore. Après le départ d'Anne-Isabelle pour la France, il s'est lui aussi ému de mon sort, et a pris mes filles sous sa protection. Mais cet homme que j'ai cru bon s'est révélé pire que le mal et j'ai dû l'écarter de ma vie.

1. Publilius Syrus, *Sentences*.

Joseph, qui a été accueilli dans la même ville que nous au Canada, ainsi que sa femme et ses enfants (parce que lui aussi a été menacé), nous a donc aidés dans un premier temps. Il sait lire et écrire en anglais et possède un ordinateur qui nous a permis de rester en lien avec Anne-Isabelle, qui a donc tenu sa promesse.

Je n'ai pas bien compris comment elle y est parvenue, mais ce qui est sûr, c'est que grâce à elle je ne suis jamais tombée dans l'oubli. Joseph avait aussi trouvé un petit travail à Ashiq pour qu'il gagne quelques roupies : il surveillait les écoliers pendant la récréation et les mettait en rang à la fin des leçons.

En décembre 2012, mes filles m'ont fait la plus belle des surprises, celle de venir me voir à Noël avec un gâteau de Noël. En quatre ans, je ne les avais vues qu'une seule fois, la pire des épreuves !

Ce gâteau a été mon plus beau de cadeau de Noël ! Dans ma langue, pour désigner Noël, on dit « *vada din* », ce qui signifie « *grand jour* » et ce fut un Grand jour ! Joseph était venu en voiture avec Ashiq et mes filles. Quand je les ai vus arriver, je me suis mise à trembler, j'étais si émue et heureuse tandis que mes filles sautillaient et criaient de joie. J'étais même intimidée de les revoir. J'avais peur qu'elles me trouvent changée, différente, qu'elles ne reconnaissent plus leur maman, mais non ! J'ai été immédiatement soulagée lorsque j'ai vu qu'elles posaient le même regard sur moi. Mon seul regret était de ne pas pouvoir les toucher. Une grille nous séparait. Joseph, trouvant la situation insupportable, est allé trouver le directeur :

— Il est d'accord pour que tu sortes de ta cellule, Asia, et pour mettre à notre disposition une petite pièce rien que pour nous.

Comme j'étais heureuse ! Mes filles chéries, je les ai câlinées tout l'après-midi. Eisha, qui n'a pas toute sa tête, semblait apaisée et avait moins de tics qu'à l'ordinaire ; quant à ma petite Eisham, elle me disait qu'elle voulait rester auprès de moi, même si elle avait peur du noir. Ensemble, nous avons découpé le gâteau de Noël en parts généreuses, habités par des sentiments confus : des éclats de rire mêlés à des larmes retenues. Noël est vraiment une fête particulière, elle nous renvoie à nos souvenirs, à nos espoirs aussi. De retour dans ma cellule, J'ai remercié à voix haute toutes les personnes qui avaient manifesté de la compassion pour moi à travers le monde, comme si elles pouvaient m'entendre.

Mon Dieu j'ai été si heureuse d'avoir pu célébrer la naissance du Seigneur dans la prison de Multan avec mon mari et mes enfants. J'aurais aimé être à Saint-Pierre pour Noël, et prier avec le Pape, mais j'ai confiance dans le plan de Dieu, et peut-être que cela se réalisera l'année prochaine. Je veux exprimer ma reconnaissance à tous les croyants qui prient pour moi et se battent pour ma liberté. Si je suis encore en vie, c'est grâce à la force que vos prières me donnent.

Moi qui espérais alors vivre mon dernier Noël en détention, j'en passerai encore cinq, et tous ne seront pas aussi festifs. Aujourd'hui, je suis heureuse de pouvoir le fêter libre. Ce Noël, près des miens et loin de mon pays, a une saveur particulière.

Les journées en prison étaient rythmées par des petits riens qu'on se fabrique soi-même si on a de l'imagination. Et j'en avais, au point de me figurer que j'étais une simple touriste de passage, et que chaque jour ici était le dernier.

En dépit des recours déposés par mes avocats et de la mobilisation internationale insufflée par la journaliste, ma situation judiciaire restait bloquée : j'attendais toujours que la Haute Cour de Lahore me rejuge mais les dates de mon procès étaient continuellement reportées.

En juin 2013, un événement de taille s'est produit dans ma petite vie terne et monotone de prisonnière. J'ai appris que j'allais changer de prison. Lorsque Khalil m'en a informée avec une pointe de dépit, j'aurais dû éprouver un soulagement à l'idée de ne plus avoir à le supporter, mais je crois que naturellement tout changement fait peur : on sait ce que l'on quitte mais on ignore si ce que l'on va découvrir ne sera pas pire. Le plus terrible était que ma nouvelle affectation basée à Multan était à plus de dix heures de route de Lahore, ce qui représentait un périple long et cher pour ma famille. Lorsque Ashiq et Joseph ont réalisé, en venant me voir pour la première fois dans ma nouvelle prison, à quel point les visites seraient désormais dangereuses et coûteuses, ils ont alerté Anne-Isabelle et adressé une lettre au procureur général pour le supplier de me maintenir à proximité de ma famille.

Objet : demande de transfert de mon épouse, Mme Asia Bibi (condamnée à la peine capitale en vertu de l'article 295 C du CPP), de la prison centrale de Multan à la prison centrale de Lahore ou à la prison de district de Shekhupura.

Votre Excellence,

Je tiens à attirer votre attention sur le soudain déplacement de mon épouse, Mme Asia Bibi (condamnée à mort et incarcérée sous le coup de l'article 295C de la CPP), en juin 2013 de la prison de Shekhupura à la prison centrale de Multan.

Le 17 juin 2013, je lui ai rendu visite à la prison centrale de Multan et je l'ai trouvée dans un état critique. Elle avait peur et était très inquiète pour sa propre sécurité. J'ai également de sérieuses inquiétudes quant à sa sécurité par rapport à son ancienne prison de Shekhupura. J'étais assez satisfait de sa sécurité et, deuxièmement, il était très facile pour moi et mes enfants de lui rendre visite. À l'heure actuelle, elle est en danger dans ce nouvel endroit et il m'est impossible économiquement de payer un si long voyage et d'avoir le temps de me rendre en prison avec ma fille perturbée mentalement.

Par conséquent, je demande humblement à votre Excellence d'accorder l'autorisation de transférer immédiatement mon épouse Asia Bibi de la prison centrale de Multan à la prison centrale de Lahore ou de la replacer dans son ancienne cellule de Shekhupura. Je soumets cette demande auprès de votre Excellence et espère obtenir une réponse rapide et positive.

En vous remerciant, mes enfants et ma famille, je vous serai toujours reconnaissant.

Sincèrement

Ashiq Masih

June 19, 2013

Excellency,
Home Secretary Punjab
Government of Punjab
Civil Secretariat, Lahore

Subject: Application for the grant of permission for reallocate of my wife Mst. Aasia Bibi (a death sentenced prisoner confined offence under section 295-C of the PPC) from Central Jail Multan to Central Jail Lahore or to the District Jail Sheikhupura.

Excellency,

I want to draw your kind attention on the sudden shifting of my wife Mst. Aasia Bibi (a death sentenced prisoner confined offence under section 295-C of the PPC) probably on June 08, 2013 from District Jail Sheikhupura to the Central Jail Multan.

On June 17, 2013 I visited her in the Central Jail Multan and found her in critical condition. She was frightened and was very much concerned about her security. I have also serious concerns over her security and while on the other side when she was imprisoned in the District Jail Sheikhupura, I was quite satisfied about her security and secondly it was much easy for me and my children to visiting her in the jail. At present she is not safe at new place as well as it is not possible for me economically to take all the time my mentally disturbed daughter and other children for jail visitation.

Therefore, I am humbly requesting your Excellency to grant permission for immediate shifting of my wife Mst. Aasia Bibi from Central Jail Multan to the Central Jail Lahore or at her previous cell at the District Jail Sheikhupura. I am submitting this requesting application with anticipation before your Excellency and hopeful for quick and positive response.

Thanking you in advance and my children and family will always be grateful to you.

Letter received.

19-06-13

Yours sincerely

Ashiq Masih
District Sheikhupura
0304-4457091

Après quatre longues années passées dans la prison de Shekhupura avec Khalil comme garde attitré, je pensais que ma nouvelle vie de prisonnière à Multan ne pourrait pas être pire. Je me trompais…

Mon transfert s'est opéré pendant la nuit. Quand je suis arrivée au petit matin, on m'a demandé de me déshabiller pour enfiler un uniforme blanc, qui risquait de ne pas le rester longtemps, ai-je pensé. Celle qui deviendra mon bourreau m'a accompagnée jusqu'à ma cellule, un peu plus grande que la précédente, avec une petite fenêtre grillagée. Après un tour d'horizon rapide, j'ai remarqué que le lit était bancal, un des pieds était cassé. J'ai demandé humblement à la gardienne si on pouvait le changer, mais elle ne m'a pas répondu. Elle n'était pas très bavarde mais, au moins, elle ne me terrorisait pas comme Khalil qui prenait tant de plaisir à me martyriser en me hurlant dessus. Son visage rond et ses traits réguliers m'ont fait penser qu'elle avait dû être belle, mais elle ne laissait apparaître aucune émotion. Quand la porte s'est refermée sur moi, je me suis allongée sur le lit bancal, les yeux grands ouverts. L'interminable voyage dans le fourgon de police m'avait éprouvée.

Le cliquetis de clés dans la serrure m'a sortie de mes rêveries, j'ignorais si j'avais dormi et, si oui, combien de temps. Quand on est enfermé depuis tant d'années, le temps se brouille et on perd tout repère. J'ai réalisé que les bruits d'ici m'étaient étrangers, celui des trousseaux de clés, des portes qui s'ouvrent, qui se ferment, les pas des gardiens.

La gardienne s'est introduite avec un seau rempli d'eau claire. Je l'entendais glisser dans ses mules, ça me changeait des bottes de Khalil. Elle a relevé la tête dans ma direction mais sans me regarder franchement dans les yeux :

— Voilà de quoi vous laver, le repas viendra plus tard.

Sa voix était chaude et rassurante. Me sentant en confiance, je me suis présentée.

— Moi c'est Asia, comment dois-je vous appeler ?

Elle a posé le plateau sans me répondre puis s'est retirée avec lenteur, et avec le même pas glissant qu'en arrivant.

Ma gardienne a fini par me dire qu'elle s'appelait Kadeeja, et chacun des jours suivants, je remerciais Dieu de m'avoir envoyé cet ange, en récitant la prière que ma grand-mère m'avait apprise lorsque j'étais petite :

Père, merci de nous avoir protégés pendant cette nuit. Merci pour cette nouvelle journée et pour la santé que tu nous donnes. Seigneur, reste avec nous tout au long de la journée, pendant le travail, les repas et les jeux.

Remplis-nous de ton amour ainsi que tous ceux qui nous entourent.

Amen.

Ma grand-mère me faisait répéter cette prière à longueur de journée pour que je ne l'oublie pas. Elle était comme une seconde maman pour moi, d'ailleurs je l'appelais « Amii », comme ma mère. Mon grand-père, je ne l'ai pas connu. Il est mort en faisant la guerre contre l'Inde. Amii me parlait souvent de lui. Elle me disait que son mari avait toujours été un homme brave et gentil, et que plus tard il fallait que je me marie avec un homme comme lui. Ce fut le cas ! Avec Amii, mes parents et mes frères et sœurs, nous vivions tous sous le même toit dans une maison modeste à Kutupura, qui se trouve à dix kilomètres de mon village Ittan-Walli.

Mon cœur se serre à l'idée de ne plus jamais revoir le village où j'ai grandi, même s'il était très modeste. Perdu au milieu des champs de canne à sucre, ce village n'était pas indiqué sur les panneaux des routes et, pour cause, l'endroit n'avait rien d'accueillant. Le cours d'eau qui servait d'égout à ciel ouvert longeait les petites maisons faites de briques et de bouses de vache séchées au soleil. Même pour une fille de ferme comme moi, ça empestait. Ces dernières années, beaucoup de journalistes étrangers se sont rendus à Itan-Walli pour rencontrer mes accusateurs qui vivent toujours là-bas. Le village le plus insignifiant du monde est lui aussi devenu une célébrité.

Dans ma nouvelle prison de Multan, les semaines défilaient et je n'avais de nouvelles de personne. Ni de mon avocat ni d'Ashiq, et ça me préoccupait de jour comme de nuit. Je demandais souvent à Kadeeja si au moins ma famille savait où je me trouvais, mais elle me répondait toujours, en haussant les épaules, qu'elle l'ignorait.

Un matin, sans raison, j'ai ressenti une douleur dans les yeux et un terrible mal de tête. Au fil des jours, ça a empiré, les yeux me piquaient au point que je n'arrivais plus à les garder ouverts. Au milieu d'une nuit, une chaleur brûlante et une soif que rien ne pouvait calmer semblaient dévorer mes entrailles. Je sentais les racines de mes dents se déplacer dans mes gencives, ce qui me donnait la désagréable impression qu'elles allaient se déchausser.

À chaque fois que je me vidais dans le trou destiné à mes besoins, dans le coin de ma cellule, j'étais paniquée à l'idée de perdre mes dents. Mon ventre était très tendu et gonflé, je me déplaçais avec beaucoup de difficulté et regagnais péniblement ma couche. Je n'osais alors plus bouger de peur de réveiller la douleur.

Je me suis traînée ainsi pendant plusieurs jours en me disant que j'étais devenue une pourriture, comme l'avait prédit Khalil. J'avais de la fièvre, délirais, et ne buvais pas les verres d'eau que Kadeeja déposait sans un mot par terre. Elle ne me soignait pas, mais sentir sa présence me réconfortait et m'encourageait. Avec l'aide d'un autre garde, elle est venue un soir remplacer mon lit bancal par un charpai qui tenait bien droit. Comme j'étais trop faible pour tenir debout toute seule, Kadeeja m'a portée à bout de bras. Ça m'a rassurée qu'elle ose me toucher. Cela prouvait qu'elle n'était pas dégoûtée par une chrétienne et qu'elle serait toujours bienveillante à mon égard. Dans mon délire fiévreux, je pensais à ma mère bien-aimée. Elle travaillait dur dans les champs de canne à sucre. Elle était courageuse, ma mère, elle ne se reposait jamais, sauf la nuit, où nous aimions nous blottir l'une contre l'autre. Un jour, elle est tombée très malade et, comme moi, elle s'est mise à transpirer et à grelotter en prononçant des paroles incohérentes. J'avais environ 10 ans puisque je devais mettre ma duppata[2] sur la tête, par respect, quand le chant du muezzin appelait à la prière. Je faisais la lessive,

2. Voile.

je m'occupais des chèvres et du petit potager. Elle n'avait plus la force de boire seule, je l'aidais en lui portant la tasse à la bouche, j'épongeais son front avec un linge humide. Je restais près d'elle le plus longtemps possible car je redoutais qu'elle s'en aille pour toujours pendant mon absence.

« Maman, je sens que mon cœur fuit et s'envole comme un petit oiseau. Mon sang est tout brûlé à force de gémir. Reviens à mes côtés, je suis perdue, j'ai besoin de toi pour combattre tout ça. Je suis fatiguée, malade, usée, épuisée mais je vais continuer à lutter pour ma famille si merveilleuse. »

Entre deux délires brûlants, je sentais tout près de moi une présence invisible, et je savais au fond de moi qu'elle avait un lien avec ma famille. J'aurais tant aimé être capable de leur écrire ! Si je n'avais pas été à bout de forces, j'aurais au moins pu dicter à Kadeeja une lettre à mon mari et à mes enfants.

Faute de mieux, dans un sursaut d'énergie, je leur ai écrit dans mes pensées, même si je me disais qu'ils n'en sauraient jamais rien. En vivant mes dernières heures, je pensais que j'avais tout raté et j'espérais qu'ils seraient indulgents avec moi et qu'ils ne m'en voudraient pas trop de les abandonner.

Mon Dieu donnez-moi ce courage, j'en ai tant besoin. J'ai confiance, je vous offre tout.

Mon tendre Ashiq, mes enfants chéris,

Je vous aime. Du fond de ma cellule, je n'ai pensé qu'à vous toutes ces années. Et vous m'avez permis de tenir tout ce temps car vous étiez ma force, celle qui me permettait de garder un peu de joie dans le cœur depuis ce jugement épouvantable. La vie m'a gâtée si fort en vous offrant à moi. J'étais sûre qu'un jour nous serions réunis et que nous fêterions ensemble mon retour parmi vous. Mais ces années passées en prison m'ont considérablement affaiblie et je suis gravement malade depuis quelques jours. Je pense que je vais bientôt mourir. Cette nouvelle épreuve, malgré toute ma bonne volonté, je ne pourrai pas la surmonter. Je ne suis pas soignée et personne ne s'occupe de moi ici. Sans la rage de ces hommes à me voir disparaître, je serais en train de vous serrer fort dans mes bras et de prendre soin de vous. Je les ai rêvées chaque nuit, ces retrouvailles !

Je vous demande d'être courageux : c'est une dure épreuve pour nous tous et vous n'avez pas mérité ça. Vous devez avoir du mal à comprendre l'injustice qui s'est abattue sur moi. J'ai pleuré quand j'ai entendu qu'on me condamnait à mort. Les mollahs n'ont pas relâché leur pression sur les juges qui ont cruellement manqué de courage. À vous, je demande d'en avoir, du courage. Je n'ai pas peur, tout ira bien, au nom des autres condamnés comme moi, être courageuse, c'est un peu encourager !

Vous savez que je suis innocente. Les accusations contre moi ne sont que des mensonges. J'aurais voulu vous voir grandir et pouvoir vieillir auprès de vous. Je suis une forte tête. J'ai peut-être commis un péché d'orgueil, mais je ne suis ni mauvaise ni violente. Les juges ont préféré croire les calomnies de ces méchantes femmes, par peur des mollahs. En quelques minutes, ils m'ont envoyée à la mort. Une mort injuste et cruelle. Si ce n'est pas la maladie qui me tue, je serai pendue. Je pense aux souffrances de Jésus sur la croix et je veux être aussi courageuse que lui. Je prie pour le salut de mon âme et pour le salut de la vôtre.

Mon Ashiq, merci pour ta générosité et ta tendresse.

Je remercie Jésus tous les jours de m'avoir donné un mari aussi bon, courageux et aimant. J'ai été heureuse avec toi pendant vingt-deux ans, immensément heureuse. C'est une bénédiction d'avoir pu se trouver et vivre une union d'amour alors que ce n'est pas la coutume chez nous. Nous avons toujours si bien su nous entendre. Je me sens coupable de ne plus pouvoir être près de toi pour assurer mon rôle de femme et de mère. Je sais que tu t'occuperas bien de nos enfants et que tu les protègeras. Mon grand Imran, que j'ai élevé comme mon fils, je te souhaite une vie heureuse auprès d'une bonne épouse. Sois aussi aimant que ton père l'a été avec moi. Ma jolie Nasima, je m'en vais avec la joie de savoir que tu seras bientôt mariée et accueillie avec chaleur dans la famille de ton fiancé. J'aurais voulu connaître mes petits-enfants. Donne ce bonheur à ton père et élève tes enfants dans la charité chrétienne, comme nous l'avons fait. Ma tendre Eisha, tu n'es encore qu'une toute petite fille même si tu as quinze ans. Le Seigneur t'a élue. Il a voulu que tu restes pour toujours une âme innocente car tu es née sans avoir toute ta tête. Tu es un cadeau pour ton père et pour moi. Tu as toujours été souriante et aimante. Tu ne peux pas comprendre pourquoi on t'a enlevé ta maman. Je sais que c'est toi, ma douce Sidra, du haut de tes dix-sept ans, qui t'occupes avec tendresse de ta sœur et aussi de la tenue de la maison. Ce n'est pas ce que je voulais pour toi. Je m'en veux de te faire grandir trop vite. Et toi, ma toute petite Eisham, tu vas grandir sans ta maman alors que tu n'as que treize ans. C'est injuste ! Ton père m'a promis que tu allais continuer à aller à l'école. Ça me rend fière. Tu seras instruite. Tu sauras lire et écrire et tu pourras te battre contre les injustices. Je te souhaite une belle vie.

Mes enfants, ne soyez pas tristes. Priez Dieu tous les jours et la Sainte Vierge. C'est votre maman du Ciel, et je vous remets entre ses mains. Je serai toujours près de vous. Je vous protégerai. Puisez de la force dans cette épreuve et ne faites rien d'insensé contre les règles de ce pays, ni contre les musulmans.

Dans cette prison, les histoires des autres femmes m'ont appris que vous avez de la chance d'avoir une famille remplie d'amour, des parents qui s'aiment, respectueux et courageux. Nous avons toujours voulu que notre famille soit un soleil, même si nous n'avons pas de biens matériels. Nous nous sommes toujours attachés avec votre père à vous élever dans la charité chrétienne en mettant les valeurs de notre religion au centre de ce que nous voulions vous transmettre. C'est notre plus grande richesse. Je pars le cœur en paix car vous êtes généreux et bons, vous serez d'honnêtes gens. Ce dernier adieu m'est pénible et il coûte à mon cœur mais gardez le cœur en fête, car je serai bientôt dans les bras du Seigneur et de la Vierge Marie.

Mes enfants adorés, Ashiq mon amour, mon cœur aimant d'épouse et de maman vous accompagnera pour toujours. Adieu mes enfants, je vous presse tous contre mon cœur et vous embrasse tendrement.

Je vous aime comme il faut aimer.

Maman

Puis un jour, sans raison, la fièvre a cessé tout d'un coup et la tête m'a fait moins mal. Je me suis étonnée de ma robustesse et me suis dit que Dieu ne voulait sans doute pas que je meure de cette façon.

Ici, il n'y avait pas de caméra de surveillance et la nourriture m'était apportée déjà cuite. Je me disais que j'avais peut-être été victime d'un empoisonnement comme Bouguina… Quand Kadeeja s'est glissée dans ma cellule, elle n'a pas semblé étonnée de voir que j'allais mieux. Je l'ai remerciée de ne pas m'avoir abandonnée.

— Je n'ai fait que mon travail.

— Non, j'insiste, sentir ta présence m'a aidée à m'en sortir.

— Si tu veux, tu peux aller dans la salle de télévision, c'est autorisé pour toi aussi.

J'ai applaudi tout bas cette nouvelle sans imaginer les ennuis que cela allait me causer.

— Merci, je me sens encore faible mais oui, bientôt, j'aimerais bien.

Dans notre maisonnette d'Ittan-Walli, nous avions pu nous offrir un poste de télévision un peu cabossé que nous avions caché dans un placard au cas où des talibans viendraient. Pour eux, la télévision était un péché parce que les femmes regardaient des hommes, et les hommes des femmes. Avec Ashiq et les enfants, nous aimions retrouver les aventures de Tara et de ses quatre amies. Elles entretenaient des relations orageuses avec leurs belles-mères, attachées aux vieilles traditions, et ça parlait d'amour aussi. Ce programme indien était diffusé toute la journée sur une chaîne.

Une fois que j'ai été requinquée, Kadeeja m'a accompagnée, comme promis, dans la salle de télévision avant de repartir aussi sec. Comme il n'y avait personne, j'ai pensé que les autres détenues devaient prier ou qu'on souhaitait éviter de mêler la seule chrétienne de la prison aux musulmanes. Les images montraient un vieil homme barbu qui récitait avec ferveur des versets du Coran. J'ai appuyé sur le bouton pour changer de chaîne, espérant me distraire un peu. Quelle joie de retrouver les aventures de Tara ! J'ai approché ma chaise. J'avais l'impression, comme par magie, d'être transportée dans ma vie d'avant. Quelques minutes plus tard, une détenue est rentrée discrètement. Je me suis écartée un peu pour qu'elle puisse voir l'écran, mais elle ne m'a manifesté aucun signe de remerciement et le programme ne semblait pas l'intéresser. Deux autres femmes sont ensuite arrivées en se parlant tout bas et en restant, elles aussi, au fond de la salle. C'était la première fois que j'étais confrontée aux autres détenues et je commençais à ne pas me sentir très à l'aise. Quand une nouvelle brochette de femmes est arrivée, l'une d'elles s'est adressée à moi en beuglant :

— Qui t'a permis de changer de programme ?

— Pardon, je ne savais pas, on ne m'a rien dit et comme j'étais seule… Mais, vous… Vous pouvez changer si vous voulez.

La femme furieuse s'est avancée vers moi en me donnant une claque, puis une autre en criant :

— À cause de toi, on va prendre des coups de bâton, ton programme est abject et déshonorant.

Roulée en boule sur le sol, un bras levé devant mon visage, j'ai reçu de multiples coups lorsque soudain, couvrant toutes les autres, une voix autoritaire s'est élevée :

— Ça suffit !

J'ai immédiatement reconnu la voix de Kadeeja même si je ne l'avais jamais entendue hausser le ton. Elle m'a saisi le bras pour m'aider à me relever, et ça m'a touchée. Mon ange gardien m'a ensuite raccompagnée jusque dans ma cellule sans rien dire et, comme j'étais sous le choc, je m'en suis voulu de ne pas l'avoir remerciée. Dans mon sordide cachot, le cœur serré, j'ai demandé à Dieu pourquoi il m'en voulait autant. Était-ce ma destinée que de prendre des coups toute ma vie ? Je ne pensais sincèrement pas à mal, et ne voulais surtout pas offenser qui que ce soit. J'avais estimé que cette télévision pourrait m'apporter un peu de répit, une respiration.

À cet instant, j'ai compris que je ne retournerais plus jamais dans la salle de télévision avec les autres détenues. J'ai cru que cette histoire resterait derrière moi, ignorant les conséquences qu'auraient les aventures de Tara au sein même de cette prison.

La nuit qui a suivi, quelqu'un s'est introduit dans ma cellule et m'a frappée à coups de poing et à coups de bâton. La personne est repartie aussi vite qu'arrivée, me laissant sous le choc.

Je n'ai rien osé dire à Kadeeja lorsqu'elle m'a apporté ma gamelle. Je ne voulais plus provoquer d'histoires ici, il fallait tenir le temps que la justice se penche à nouveau sur mon cas. Malgré l'épisode de la télévision, Kadeeja était restée égale à elle-même, muette et le visage toujours aussi inexpressif.

La nuit suivante, j'ai été à nouveau réveillée en sursaut par des coups. On me frappait à la tête, au ventre, sur les côtes. Je ne savais pas qui était mon bourreau mais celui-ci maniait le bâton mieux que quiconque. J'ai hurlé de douleur mais j'étais encore en vie, en mauvais état mais en vie.

Jour après jour je me sentais plus faible. J'avais mal partout. Parfois quand il faisait très chaud, j'avais l'impression que ma peau était en train de fondre et que je n'allais plus pouvoir respirer. Quand je cherchais de l'air, mes poumons me brûlaient. J'avais de plus en plus de mal à supporter la prison. Je pensais à Ashiq et aux enfants pour rester forte. Mais c'était dur. J'étais tellement à l'étroit dans ce cachot et je n'en pouvais plus de toute cette puanteur. Chez moi, ça toujours été propre. Je faisais très attention à bien tenir ma maison pour qu'elle soit accueillante. Ici c'était impossible. L'eau qui sortait du tuyau d'eau était tellement noire que je me demandais bien comment elle pouvait laver qui que ce soit. Ma peau me grattait, me brûlait. J'avais des boutons et des plaques rouges qui saignaient parfois. J'avais honte, on aurait dit une mendiante. Dans la salle de télévision, les autres femmes avaient été cruelles, l'une d'entre elles avait dit que c'était moi qui empoisonnais l'air et que c'était ma faute s'il y avait des puces et des poux partout. Tout ça « parce que je n'étais qu'une sale chrétienne impure ». C'était injuste et faux, et le lendemain matin, j'ai pris mon courage pour parler de mes nuits d'horreur à Kadeeja.

— Il faut que je te dise quelque chose… La nuit quelqu'un vient dans ma cellule et me tape dans mon sommeil sans rien dire.
— Tu dois avoir fait quelque chose de mal.

Surprise par sa réponse et son ton monocorde, j'ai compris qu'elle savait quelque chose et ne voulait rien me dire pour ne pas s'attirer d'ennuis. Perdant peu à peu la confiance en celle qui était jusqu'à présent mon alliée, je me suis sentie perdue et très seule dans ma prison. J'ai décidé cette nuit-là de veiller jusqu'au matin pour affronter celui ou celle qui me faisait du mal.

Assise sur mon lit, j'ai ramené mes genoux contre ma poitrine, et j'ai attendu. C'était la seule position que j'avais trouvée pour m'empêcher de dormir. Je n'avais pas la notion de l'heure, mais il n'y avait aucun bruit dans le couloir depuis longtemps. Déterminée à démasquer la personne qui pénétrait dans ma cellule pour me battre, je luttais de plus en plus pour que mes paupières ne se ferment pas. Je repensais à Kadeeja qui ne semblait pas surprise de ce que je lui avais dit et, plus j'y pensais et plus je me demandais si elle n'était pas complice. Parfois, je changeais de position pour détendre mes muscles engourdis et essayais de rester concentrée sur l'arrivée imminente de mon bourreau. Le temps passant, je commençais à éprouver des vertiges de fatigue, ma tête tanguait dans tous les sens quand, soudain, le chant du muezzin m'a sortie de ma semi-conscience. Il était 5 heures du matin, je m'étais endormie sans m'en rendre compte.

Pourquoi personne n'était venu me battre cette nuit-là ? J'ai remarqué que Kadeeja était venue déposer ma jarre d'eau et que le thé fumait encore. Pour rattraper ma nuit et parce que je voulais rester éveillée coûte que coûte la nuit suivante, j'ai dormi une partie de la journée sans voir ni parler à ma gardienne.

À force de m'obliger à rester éveillée, je ne dormais plus la nuit, quand soudain j'ai vu le rayon d'une lampe torche traverser le seuil de ma porte. Mon cœur s'est arrêté de battre, j'ai retenu ma respiration. Recroquevillée sur ma couche, j'ai entendu la porte s'ouvrir doucement, et mon bourreau s'introduire dans ma cellule. Mais quand j'ai reconnu le pas glissant de ma gardienne Kadeeja, je me souviens avoir éprouvé un énorme soulagement.

— Kadeeja, j'ai eu tellement peur, merci de passer voir si je vais bien. Peux-tu rester un peu pour que je puisse m'assoupir quelques minutes ?

Elle a éteint sa torche, sans doute pour ne pas être repérée, et m'a asséné un coup violent à la cheville.

— Mais qu'est-ce que tu fais ?!

La douleur s'est répandue dans tout mon corps et les larmes me sont montées aux yeux.

— Arrête, s'il te plaît, arrête, Kadeeja… Tu vas me casser tous les membres ! Pourquoi tu me fais ça ?

Sans prêter attention à ma détresse, elle a continué à se défouler sur moi en respirant fort, très fort, et je sentais les gouttes de sa propre sueur tomber sur mon visage. J'ai su alors que j'assistais à une véritable explosion de haine :

— Je t'en supplie… Mais qui es-tu ?

Le silence était troublé par nos respirations haletantes, puis Kadeeja a fini par lâcher son bâton pour saisir violemment mes cheveux. Elle haletait et m'a jeté, telle une furie :

— Je t'ai fait confiance, je t'ai traitée comme un être humain et j'ai eu des ennuis à cause de toi. Le directeur de la prison m'a convoquée après que tu as mis ton programme diabolique à la télévision. J'ai sept bouches à nourrir, moi, alors que toi, tu es perdue à jamais.

Puis elle est repartie de son pas si reconnaissable en ajoutant :

— Tu as intérêt à te taire sinon je taperai encore plus fort.

Sous le choc de ce qui venait de se passer, je tremblais de tous mes membres. J'ai fini par m'endormir mais je savais à présent que mon ange gardien était devenu l'ange de la mort.

Le lendemain matin, Kadeeja m'a apporté mon seau d'eau et ma gamelle, mais nous n'avons échangé ni un mot ni un regard. La journée, j'étais seule avec ma honte, cloîtrée dans mon cachot, et la nuit j'étais seule face à la mort en attendant que mon bourreau vienne me battre. Pendant une dizaine de jours, je me suis sentie doublement prisonnière, privée de liberté et incapable de parler à qui que ce soit ici. Et puis un jour, en m'apportant une jarre d'eau, Kadeeja a enfin ouvert la bouche :

— Tu as de la visite.

J'étais abasourdie. Je me suis levée aussitôt et ai marché péniblement jusqu'au parloir. Quelle délivrance de voir Ashiq accompagné de Joseph ! Kadeeja nous a laissés seuls. Devant eux, j'ai laissé couler mes larmes retenues jusqu'à ce moment. J'avais tant de questions à poser mais j'avais la gorge serrée. Ashiq m'a demandé d'un air abattu :

— Tu n'as pas l'air en forme, Asia, j'ai vu que tu boitillais, et tu as des cercles noirs autour des yeux.

Incapable de dire un mot, j'ai sangloté de plus belle.

— On est désolé d'avoir tardé à venir te voir, nous avons essayé une première fois il y a un mois, mais nous avons eu un accident de la route à cause des islamistes, qui avaient placé une voiture au milieu de la route. On a terminé dans un fossé, j'ai été blessé à la cheville, chuchotait Ashiq, mais les secours sont arrivés tout de suite et ils m'ont mis un bandage.

— Et moi par miracle je n'ai rien eu ! s'est exclamé Joseph.

— Mais après, a repris Ashiq, il a fallu réunir des fonds pour racheter une nouvelle voiture et on a dû déménager car les fanatiques nous avaient repérés. Ils rôdaient près de notre maison…

— Et maintenant, vous êtes en sécurité ?

— Oui ça va, mais toi, comment c'est ici ? C'est mieux que l'autre prison ?

— Je me fais battre toutes les nuits par la garde qui m'a accompagnée. Il y a eu un problème avec les autres détenues dans la salle de télévision, et depuis elle me frappe toutes les nuits.

Ashiq a pris sa tête dans ses mains et Joseph était tellement choqué qu'il s'est levé brusquement de sa chaise.

— On ne va pas laisser faire ça, Asia, je vais en parler au directeur de la prison, et puis à la journaliste aussi. Il faut que les gens sachent ce qui se passe.

— Je suis tombée très malade aussi, je crois que je ne vais pas tenir le coup ici.

Mais le directeur de la prison a dit à Ashiq que, s'il ébruitait l'affaire, il ne pourrait plus jamais me rendre visite. Ashiq et Joseph sont repartis anéantis.

Par chance, un appel anonyme passé depuis la prison a alerté les médias locaux et Anne-Isabelle a fait un tel esclandre à l'étranger que le directeur, sous la pression du gouvernement, a dû renvoyer Kadeeja.

Parfois, je rêve d'elle, je regrette tant de lui avoir fait confiance au début... Elle m'a fait plus de mal que Khalil, qui était certes odieux, mais ses intentions avaient toujours été claires dans ma tête.

Après cet épisode malheureux, mes conditions dans la prison de Multan se sont améliorées : j'ai eu droit à une heure de marche seule dans la cour et ma nourriture m'était apportée crue. Chargée de la faire bouillir moi-même, ça me faisait un peu de distraction dans mes journées bien ternes. Mais parmi ces changements, le plus important était qu'on m'avait affecté une nouvelle gardienne chrétienne, sans doute pour m'éviter d'autres problèmes. Elle s'appelait Mamita, et chaque matin elle me lisait la Bible. Elle m'a été d'un grand réconfort en m'apportant l'affection, l'énergie et la confiance nécessaires jusqu'à mon départ de la prison en octobre 2018. Plus jamais je ne reverrai Mamita. Je l'aimais comme une sœur, et elle me manque souvent.

Seconde condamnation à mort

Justice extrême est extrême injustice[1].

Les années passaient, longues et pesantes. Lors de leurs visites, Ashiq et Joseph m'informaient des rebondissements extérieurs... enfin, pas tout le temps. J'ai appris tardivement que mon procès devant la Haute Cour de Justice de Lahore, puis devant la Cour suprême, avait été reporté à maintes reprises. J'ignore comment ça se passe dans les autres pays, mais ici la justice est lente comme s'ils ignoraient que nous, les accusés, attendons d'être jugés non pas chez nous, mais en prison. Moi, j'ai perdu presque dix ans de ma vie et rien ne pourra jamais les remplacer. Ashiq, pour m'épargner ces déceptions, ne me disait jamais quand la date de mon procès était arrêtée. À chaque report, je passais des mois, voire des années, enfermée, en rêvant de liberté. En attendant de rejoindre le Canada, six mois après avoir été définitivement acquittée et soi-disant libre d'aller et venir, Ashiq, qui était « en transit » avec moi, m'avait expliqué comment il découvrait le report de mes procès. En mars 2014, par exemple, heureux de se rendre

1. Térence.

à la Haute Cour de Lahore pour assister à mon recours en appel, et convaincu que je serai innocentée, il avait reçu la toute première convocation officielle et s'était rendu au procès, à l'heure dite. Il m'avait raconté cette journée :

« Avec Joseph, on s'était levés à 6 h 30 du matin parce qu'on avait 1 h 30 de route jusqu'au tribunal et qu'on ne voulait pas arriver en retard pour ne pas risquer de faire mauvaise impression. On s'était donné rendez-vous à 8 heures avec ton premier avocat chrétien, une heure avant le début de l'audience. L'avocat était confiant et pensait le tribunal prêt à t'innocenter parce qu'il y avait ce qu'il appelait de nombreux "vices de procédure". C'était une belle journée qui s'annonçait. Tu étais en prison depuis déjà quatre ans et demi. Il était temps qu'on se retrouve. Lorsque nous sommes arrivés au tribunal, personne ne nous a parlé. Nous sommes juste tombés sur un vulgaire bout de papier accroché à une porte qui disait : "La justice est en congé aujourd'hui, l'audience est reportée à dans 15 jours." Sur le moment on n'a pas compris pour quelles raisons. L'avocat a cherché à en savoir plus. Il a posé des tas de questions à des gens qui ne voulaient pas répondre, puis un magistrat a finalement accepté de nous recevoir en fin d'après-midi. Il nous a dit que l'un des juges s'était désisté. Le magistrat n'a pas voulu nous dire pourquoi mais, selon l'avocat, il y avait plusieurs explications possibles parce que, a-t-il précisé, le procès d'Asia Bibi était particulier. Selon lui, soit le juge était un musulman, soit il avait subi des pressions des islamistes, soit il avait eu un contretemps familial. »

Le problème c'est que, croyant bien faire, des ONG divulguaient la date du procès dans les médias et comme les islamistes étaient au courant, ils menaçaient les juges pour qu'ils me condamnent. Et si certaines ONG continuaient à chaque fois à diffuser la date de mon procès c'était pour attirer l'attention des donateurs étrangers, sauf que beaucoup d'entre elles gardaient l'argent. J'ai d'ailleurs découvert au Canada que Joseph faisait aussi partie des gens qui m'avaient volée. Il récoltait des dons en mon nom mais il gardait tout ou presque pour lui. Ashiq m'a même confié qu'il avait semblé déçu quand j'ai été libérée. Cet homme vil et en tous points méprisable savait alors qu'il n'allait plus pouvoir continuer à s'enrichir.

Quinze jours plus tard, le procès a encore été reporté et il aura fallu attendre un an de reports incessants pour que mon procès se tienne enfin.

Nous étions tous très confiants parce que la Cour de Lahore était malgré tout moins soumise à la pression des mollahs que le petit tribunal de quartier. Le tribunal n'avait pas jugé utile que j'assiste à mon propre procès en appel. Je n'ai eu connaissance du résultat que lorsque Ashiq et Joseph sont venus m'annoncer la terrible nouvelle, en prenant toutes les précautions possibles.

Ce 16 octobre 2014 restera gravé à jamais dans ma mémoire. Ashiq et Joseph avaient la mine chiffonnée, pour ne pas dire le visage défait. Ashiq était en état de choc, c'est donc Joseph qui m'a raconté le procès :

« Lorsque les trois juges ont ouvert la séance, une vingtaine de mollahs se sont introduits dans la salle, ce qui a considérablement glacé l'atmosphère. Après l'exposé des faits, les temps de parole accordés aux avocats ont été très inégaux : quarante minutes pour celui des accusateurs et à peine dix pour ton avocat qui a même été interrompu par l'un des juges en pleine plaidoirie. Le tribunal a systématiquement rejeté ses arguments qui faisaient état de faux témoignages et de fausses accusations. Les juges n'ont pas eu besoin de réfléchir longtemps pour déclarer : "En vertu de l'article 295 C, la Haute Cour de Lahore confirme la condamnation à mort d'Asia Bibi pour délit de blasphème." »

Cette phrase résonne encore en moi comme un écho abominable.

Ashiq avait le visage dévasté par le chagrin, moi je fermais les yeux avec l'espoir de remonter le temps.

« Le verdict rendu, une douzaine d'imams, dont le mollah de ton village, Qari Salaam, ont salué la décision de la justice en chantant devant le tribunal : "Nous allons distribuer des bonbons à nos frères musulmans, car il s'agit d'une victoire pour l'islam." »

La chaleur avait quitté mon corps. À l'intérieur, tout était froid, sombre et triste. Mes larmes ne coulaient même plus.

Joseph m'a informée qu'on avait trente jours pour présenter un ultime recours devant la Cour suprême, en priant pour qu'elle accepte. Et si elle n'acceptait pas, notre dernière chance était d'obtenir la grâce présidentielle, avait-il ajouté, sans conviction.

Mon cœur n'était plus que cendres après cette énième déception. J'ai consacré les journées suivantes à réciter cette prière :

Mon Dieu c'est toi qui as décidé de mon sort.
Je ne veux plus me battre car Toi seul sais ce qui est bon pour moi.
Tu as choisi que je vivrais cette vie-là et je ne veux plus lutter.
Je me remets entre tes mains.
Ce qui se passera de l'autre côté,
Quand tout aura basculé dans l'éternité, je ne le sais pas.
Je crois seulement qu'un Amour m'attend.
Maintenant que mon heure est proche,
Que la croix m'indique le seuil à franchir,
C'est vers cet Amour que je marche en m'en allant.
C'est vers ton Amour que je tends les bras.
C'est dans la vie que je descends doucement.
Quand je mourrai, ne pleurez pas.
C'est un Amour qui me prend paisiblement.
Si j'ai peur… et pourquoi pas ?
Rappelle-moi simplement qu'un Amour,
Un Amour m'attend.
Oui, Père du ciel, voici que je viens vers toi comme
Un enfant. Je m'en remets à ton Amour…
Ton Amour qui m'attend.

Quinze jours plus tard (car c'était le rythme qu'imposait la prison de Multan), Joseph et Ashiq sont revenus me voir, à nouveau optimistes, alors que moi je n'y croyais plus. Joseph m'a dit qu'en France, la journaliste parlait de moi dans les journaux et à la télévision. J'ai voulu remercier Anne-Isabelle pour tous ses efforts en dictant une lettre à Joseph pour qu'il la traduise et la lui envoie.

Jeudi 30 octobre 2014

Ma tendre amie, ma sœur bien-aimée,

Je vais mourir. Je l'ai appris il y a quelques jours et tu le sais aussi.

Quand Joseph m'a annoncé la terrible nouvelle, c'est comme si mon cœur était vide, je ne ressentais plus rien, comme pétrifiée, tandis que le regard d'Ashiq se voilait. Longtemps j'ai cherché mon souffle, j'avais la bouche sèche comme si le soleil s'y était installé depuis toujours. Je voulais appeler un garde pour qu'il m'exécute sur-le-champ en demandant grâce à Dieu. Ashiq avait la figure rouge, des larmes coulaient sur ses joues. Je luttais pour retrouver mes esprits… : J'ai supplié Dieu de me libérer, de me laisser sortir de cette prison pour retrouver notre vie d'avant et, bêtement, je me suis sentie rassurée quand il m'a dit que les enfants ne savaient rien du jugement – comme si cela allait changer quelque chose à notre destin ! Je crois qu'une partie de moi était apaisée à l'idée qu'ils se réjouissent de bientôt retrouver leur maman. Puis il m'a expliqué qu'il nous restait encore un petit espoir. D'abord, il a trouvé un nouvel avocat, musulman cette fois, qui va déposer un recours devant la Cour suprême.

Et puis, il y a toi ! Ashiq et Joseph me disent que tu parles de moi partout et que tu demandes à ton Président de demander la grâce présidentielle à mon Président. Mais mon amie, quand cette lettre te parviendra, je serai peut-être déjà morte.

Je suis si fatiguée de tout. Fatiguée de me battre depuis si longtemps.

Je sens que mon cœur s'effrite. Il s'émiette dans ma poitrine. Maintenant je voudrais m'en remettre à Dieu. Lui seul jugera si je dois être pendue à une corde. Je veux que tu cesses de me donner de ton temps pour me sauver. Tu dois penser à toi maintenant, tu as une belle vie à faire dans ton pays. Mon pays à moi est si compliqué!

J'aurais tellement aimé te rencontrer, t'embrasser, te regarder. Tu fais partie des miens, et quand je serai là-haut, tu auras toujours une place dans mon cœur.

Asia

Avec le recul, je réalise à quel point j'étais désespérée. Je pensais ne jamais rencontrer Anne-Isabelle alors qu'aujourd'hui nous écrivons ce livre ensemble! Il faut savoir attendre et ne pas perdre espoir.

Elle m'a répondu quelque temps plus tard avec cette lettre pleine d'espoir :

Lundi 10 novembre 2014

Ma très chère Asia, je te demande d'avoir du courage, beaucoup de courage. Tu n'as pas le droit d'abandonner maintenant, pas après avoir résisté à ces cinq années d'enfermement. Tu dois savoir que le monde entier est prêt à t'accueillir, que tu as ta place parmi nous et auprès de ta famille qui compte sur toi. Il se passe beaucoup de choses au-dehors pour ta libération, et on peut y arriver. Mais pas sans toi.

Regarde-toi, tu es encore en vie... N'est-ce pas extraordinaire? Sais-tu combien de personnes accusées de blasphème sont lapidées sur-le-champ sans autre forme de procès? Toi, tu as eu deux procès, et maintenant on va tout faire pour que tu sois rejugée devant la Cour suprême.

Cette chance, Asia, tu dois la saisir. Accroche-toi car, que tu le veuilles ou non, moi je continue.

Je t'embrasse affectueusement,

Anne-Isabelle

J'étais touchée et émue par sa bienveillance, mais malgré le soutien et l'intérêt que m'avait portés jusqu'alors la communauté internationale, ça n'avait donné aucun résultat puisque la Haute Cour de Lahore n'avait eu aucun scrupule à vouloir me tuer.

Je n'espérais plus rien.

Dans la foulée de ce procès, mes conditions de détention se sont endurcies. Je n'ai plus eu droit aux visites de ma famille, ni à la présence réconfortante de ma gardienne Mamita. Pendant quelques semaines, on m'a placée en cellule d'isolement où je n'avais rien d'autre à faire que de penser à ma mort prochaine.

C'est bien plus tard qu'Ashiq m'a expliqué les raisons de ce changement de situation. Un commando de talibans avait essayé de venir me tuer ici même dans la prison. Ils avaient réussi à pénétrer à l'intérieur malgré les barrières, mais heureusement ils ont pu être capturés à temps par les gardiens. Dans leurs affaires, les autorités ont saisi des détonateurs, des grenades et des ceintures d'explosifs. Mais le plus inquiétant était sans doute qu'on avait découvert dans les sacs des terroristes des plans très détaillés de la prison, et ma cellule entourée d'un cercle rouge. Ils avaient donc été missionnés pour me tuer. Aujourd'hui encore, je ne comprends pas cet acharnement.

Dans cette cellule d'isolement, qui était pour moi l'antichambre de la mort, j'adressais parfois ce message à la Sainte Vierge : « *Je n'éprouve pas de haine envers quiconque. Je ne hais pas ceux qui m'ont fait souffrir toutes ces années. Je pardonne à tout le monde et je prie pour ceux qui m'ont fait du mal.* »

Le Noël qui a suivi, sept semaines après ma nouvelle condamnation à mort, a été difficile pour nous tous. Mes filles avaient pu venir avec Ashiq et Joseph, mais cette fois-ci nous avions le cœur gros, très gros. Le directeur avait accepté du bout des lèvres que je passe un bref moment avec eux. Nous n'avons eu que trente minutes autorisées, en présence de deux gardiennes qui notaient tous les propos échangés. Au cours de cette visite, Joseph a lu un passage de l'Évangile puis nous avons découpé le gâteau de Noël sans avoir le cœur à la fête. Avant de nous quitter, j'ai serré très fort mes filles dans mes bras en leur disant que le plus beau jour de ma vie serait celui où je parviendrais à sécher leurs larmes. Ma petite Eisha m'a répondu :

— Ne nous abandonne pas, maman.

J'avais peur d'être tuée, mais je ne pouvais plus mener cette « vie ». J'arrivais à tenir pour mes enfants. Mais combien de temps encore ? Et où puiser la force de me battre ? Je me sentais ballottée par le destin, et malgré cela j'espérais de lui encore quelque chose. Qui allait m'apporter cette force et ce courage pour poursuivre ? J'ai prié nuit et jour, et Dieu m'a entendue.

Après quelques semaines en isolement, sans contact possible avec qui que ce soit, j'ai retrouvé ma cellule, en espérant que Mamita serait toujours ma gardienne attitrée. Elle était si joyeuse, si généreuse et surtout, plus grande et plus solide que moi, elle avait de la force pour deux.

Au début, quand on a fait connaissance, elle m'avait expliqué que l'une de ses nièces avait été jetée en prison parce qu'elle ne voulait pas épouser un musulman après qu'il l'eut violée. Nour, à peine âgée de 20 ans, s'était retrouvée dans une cellule avec des femmes qui refusaient d'être enfermées avec une chrétienne. J'ai compris grâce à elle que, dans mon malheur, j'avais de la chance d'être seule dans ma cellule. Lorsqu'elle priait Jésus, ses codétenues la battaient. Nour avait alors décidé de prier la nuit pendant que les femmes dormaient. Le Seigneur aussi avait dû endormir profondément ses compagnes de captivité pour permettre à sa disciple de l'adorer. Elle avait donc eu un peu de répit, jusqu'à ce qu'elle soit soumise aux tortures brutales des gardiens qui la harcelaient sans relâche pour qu'elle se convertisse à l'islam. Nour n'avait jamais cédé, mais son cœur si… ce fut le coup de bâton de trop. Après la mort de sa nièce, Mamita a donc décidé de devenir gardienne de prison pour apporter un peu de réconfort aux prisonniers, qu'ils soient musulmans ou chrétiens.

Quand j'ai vu Mamita franchir la porte, j'ai été si soulagée que j'ai dit à voix haute : « Merci mon Dieu de m'avoir entendue. » Mamita m'a répondu en souriant de toutes ses dents blanches. L'espace d'un instant, elle m'a fait oublier où j'étais et pourquoi j'étais ici.

— Je t'ai apporté une couverture propre et, dans ce sac, tu trouveras un petit quelque chose pour ton Noël. Il n'est jamais trop tard pour nous, chrétiens, de célébrer la naissance de Jésus.

En regardant ce sac, je ressentais ce qu'avait éprouvé ma petite Eisham lorsqu'on lui avait offert sa première poupée en chiffon.

— Ne sois pas timide, Asia, ouvre…

J'ai plongé ma main dans le sac et découvert une magnifique paire de chaussettes que je me suis empressée d'enfiler.

— Tu es la première personne en dehors d'Ashiq à me faire un cadeau. Mamita, j'ai prié le Seigneur pour qu'il me redonne un peu d'espoir, et je ne m'attendais pas à autant. Ton geste et ton grand cœur me bouleversent, merci.

— Surtout, Asia, il faut que tu sois très prudente et que tu caches tes chaussettes quand les autres gardes viendront. Je ne voudrais pas que cela t'attire de nouveaux ennuis. Il faut que je te laisse, j'ai déjà passé trop de temps en ta compagnie.

Durant l'hiver glacial de janvier, les chaussettes de Mamita m'ont autant réchauffé les pieds que le cœur. Grâce à sa bonté, j'ai même retrouvé un peu d'énergie. Puis, quand ma généreuse gardienne m'a appris une semaine après que la Cour suprême avait accepté mon recours en appel, je n'étais plus abattue ni triste mais combative et forte.

À l'extérieur de ma prison

La démocratie a besoin de soutien, et le meilleur soutien pour une démocratie ne peut venir que d'autres démocraties[1].

Avec un nouveau procès en perspective qui annulait les jugements précédents, j'obtenais donc un sursis supplémentaire. Et c'est ainsi que, de sursis en sursis, ma vie se prolongeait. Quand Ashiq et Joseph sont venus me rendre visite, je les savais porteurs de cette bonne nouvelle et j'étais heureuse qu'ils me voient en meilleure forme, tant morale que physique.

Au parloir, je les ai retrouvés la mine fatiguée, mais affichant un large sourire.

— Tu vois Asia, tout n'est pas perdu, au contraire, la Cour suprême accepte de revoir intégralement ton jugement ! a déclamé Ashiq, le menton conquérant.

— Oui, je l'ai appris de la bouche de Mamita, elle est très optimiste aussi mais moi, je préfère rester prudente.

---

1. Benazir Bhutto, discours à l'université d'Harvard, 1989.

— Tu as raison Asia, a lancé Joseph, mais dis-toi bien que si la Cour suprême reprend tout à zéro, c'est qu'ils considèrent que les autres juges se sont peut-être trompés. C'est très positif, tu sais.

— Oui, on verra bien, j'ai été tellement déçue par le passé que je me méfie maintenant... Et vous, comment ça va ? Et les filles ?

Embarrassés, Ashiq et Joseph fuyaient mon regard, et je me suis sentie soudain très inquiète. Ashiq ne souhaitait visiblement pas répondre. Alors Joseph s'est éclairci la voix avant de prendre la parole.

— La lune brillait dans notre quartier chrétien quand des hommes se sont mis à frapper nerveusement notre porte métallique en criant : « Ouvrez ! » Avec Ashiq, on buvait tranquillement notre chaï avant de nous coucher, quand la peur nous a saisis. On savait intérieurement que leurs intentions n'étaient pas pacifiques. Tous les enfants dormaient à l'étage, avec ma femme Amina. On a grimpé les marches quatre à quatre, le bruit les avait arrachés à leur sommeil et ils étaient tous dressés sur leur lit. Des injures terrifiantes parvenaient jusqu'à nos oreilles : « Famille de chiens ! On va vous finir ! » « Habillez-vous ! leur ai-je ordonné, il faut partir immédiatement ! » Dans la rue, les hommes tambourinaient et hurlaient de plus belle : « C'est un blasphémateur, mort à lui et à sa famille ! Ne les laissez pas s'échapper ! » Quand ils ont réussi à forcer la porte d'entrée, ils ont trouvé une maison vide parce qu'on avait fui par les toits. Tu sais, Asia, depuis ta condamnation, je n'étais pas tranquille alors je laissais toujours une échelle au cas où.

J'étais catastrophée.

— Et maintenant, où vivez-vous ?

— Mon frère nous a hébergés pendant un temps, puis nous a aidés à retrouver un logement. Le lendemain, il a été courageux en se rendant chez nous pour récupérer toutes nos affaires.

— Ashiq, les filles... comment ont-elles vécu tout ça ?

— Elles ont eu très peur cette nuit-là, mais maintenant elles vont bien. Elles se sont même fait des amies dans notre nouveau quartier.

— Dis-moi Joseph, qui étaient ces gens et pourquoi s'en prennent-ils directement à vous ?

— On est dans le collimateur du Tehreek-e-Labaik qui est l'un des partis religieux les plus fanatiques du pays. D'abord, ils défendent la peine de mort pour les délits de blasphème mais surtout ils approuvent les assassinats d'opposants à cette loi. Comme ils n'ont pas réussi à te tuer en prison en s'alliant avec le commando de talibans, eh bien ils s'en prennent à nous pour te toucher.

J'étais terrorisée pour la sécurité de ma famille, mais j'étais impuissante. Avant de les quitter, j'ai demandé à Joseph de répondre à la lettre de la journaliste :

Mon amie,

La vie de chacun contient un petit poème qu'on ne sait pas toujours raconter. Mais pourquoi Dieu me laisse-t-il dans cette cellule misérable, lui qui sait tout, lui qui voit tout, qu'attend-il pour me laisser sortir ?

Merci de ne pas m'abandonner et de continuer à t'occuper de ma famille.

Je vais me battre, moi aussi.

Asia

Quand nous nous sommes retrouvées au Canada, la journaliste m'a expliqué ses difficultés et ses doutes durant toutes mes années de captivité : « Tu sais Asia, ton cas était une bombe politique au Pakistan. D'un côté, il me semblait impossible que les autorités politiques t'exécutent à cause de la pression internationale, mais dans le même temps, je craignais que cette médiatisation les empêche de te libérer car la pression interne des islamistes était trop forte. C'est sans doute pour ça que tes procès ont été sans cesse repoussés. Cette mobilisation internationale que je suscitais, ici ou là, risquait aussi d'être contre-productive parce que ça renforçait les préjugés des islamistes qui pensent que vous, les chrétiens, vous êtes des agents de l'Occident qui font la guerre à l'islam, ce qui n'est évidemment pas vrai. D'un autre côté, j'avais aussi très peur qu'ils te laissent mourir à petit feu si je laissais le temps passer. Alors je faisais en sorte qu'on parle régulièrement de toi dans les journaux. »

J'avais du mal à comprendre qu'on puisse penser que j'étais contre l'islam… J'adore mon pays et les musulmans qui l'habitent ! Je comprenais mieux, grâce aux explications d'Anne-Isabelle, pourquoi on parlait parfois beaucoup de moi dans le monde et puis plus du tout pendant un long moment. Quand la Cour suprême avait accepté de réviser mon jugement, Anne-Isabelle avait fait beaucoup de bruit à mon sujet et, finalement, je réalise qu'elle utilisait les mêmes moyens que les islamistes pour exercer une forte pression sur les juges. Sans la violence.

J'ai su par la suite qu'Anne-Isabelle avait monté une association[2] qui portait mon nom, pour récolter de l'argent et nous aider à continuer à vivre et à me défendre. Puis elle a écrit un deuxième livre sur moi qui s'appelait *La Mort n'est pas une solution*[3]. J'ignorais ce que le livre contenait mais j'étais d'accord avec le titre. Avec l'aide de plusieurs députés européens, elle avait demandé à son Parlement de sanctionner financièrement le Pakistan si je n'étais pas libérée. La journaliste s'était aussi exprimée une deuxième fois devant l'ONU, puis avait lancé sur internet une campagne internationale appelée « Un verre d'eau pour Asia Bibi ». Le principe était simple, il fallait que tous ceux qui me soutenaient se prennent en photo en buvant un verre d'eau par solidarité. J'ai dit à Anne-Isabelle que de toutes les photos d'elle que j'ai vues sur internet, celle du verre d'eau était de loin ma préférée. Ma famille, mes filles s'étaient aussi prêtées au jeu. Ashiq et Joseph m'avaient rapporté qu'ils s'étaient amusés une après-midi à se prendre en photo et qu'ils avaient été très touchés en voyant sur l'ordinateur des personnes du monde entier boire de grands verres d'eau pour dire à quel point ils étaient de notre côté. Je ne m'attendais pas à une telle mobilisation autour de mon histoire, et ça me faisait du bien de penser que tous ces étrangers n'étaient pas indifférents.

Mamita ne redoutait jamais de me dire la vérité sur ce qui se passait à l'extérieur. Elle savait que ma famille ne me disait pas tout pour me préserver, mais elle estimait,

2. Comité international Asia Bibi, asiabibi.com

3. *La Mort n'est pas une solution*, mars 2015, Éditions du Rocher.

au contraire, que j'étais capable de tout entendre parce qu'elle était là au quotidien pour me soutenir. Elle m'a expliqué que, même si on parlait beaucoup de moi dans les journaux étrangers, notre pays était bien plus intéressé par le sort de Mumtaz Qadri, l'assassin du gouverneur Taseer condamné à mort. Mamita m'a rapidement avertie de ce qui se passait dans les rues, mais c'est quand je suis sortie de prison que mon avocat Saif-ul-Mulook, procureur dans cette affaire, m'a tout raconté en détail.

« Un mois après avoir assassiné le gouverneur Taseer, son meurtrier, Mumtaz Qadri, devait répondre de deux chefs d'inculpation devant les tribunaux : acte de terrorisme et meurtre. À l'issue de cette audience à huis clos, j'avais demandé la peine capitale et les juges m'avaient suivi en le condamnant à mort par pendaison tout comme toi. L'enquête avait révélé que le garde du corps avait décidé de passer à l'acte quatre jours après avoir écouté le sermon d'un imam appelant à tuer les blasphémateurs. Par cette condamnation sans équivoque, la justice pakistanaise adressait donc un signal fort aux religieux qui lançaient des appels au meurtre contre les personnes accusées de blasphème. Bon, il s'est trouvé quand même qu'après avoir prononcé ce verdict, des juges ont dû fuir notre pays par peur de représailles des partisans de Mumtaz Qadri. Bref, à l'issue de la condamnation, qui frappait aussi son client d'une amende de 200 000 roupies, l'avocat du meurtrier a immédiatement fait appel du jugement. »

Quand je pense que je n'avais tué personne… J'avais non seulement écopé de la même peine de mort, mais mon amende était encore plus importante que celle de l'assassin, puisque la mienne s'élevait à 300 000 roupies !

« Et figure-toi, Asia, que ce criminel continuait à faire couler le sang depuis sa prison. Mumtaz Qadri avait poussé l'un de ses gardiens à la radicalisation. C'était vers septembre 2014 : le garde de la prison d'Adiyala, dans la banlieue d'Islamabad, avait ouvert le feu sur Mohammad Asghar, blessant ce Pakistano-Britannique, âgé de 70 ans et schizophrène. Ce dernier avait été condamné à mort pour avoir écrit des lettres dans lesquelles il disait être un prophète. Le garde qui avait tenté de le tuer avait confessé avoir suivi des leçons religieuses de Mumtaz Qadri. Plus tard, un rapport interne de la prison avait conclu que l'assassin de Salman Taseer avait tenté de radicaliser d'autres gardes afin qu'ils abattent des détenus accusés ou condamnés pour blasphème. Et ce qui est encore plus injuste, Asia, c'est que contrairement à toi, Mumtaz Qadri bénéficiait en prison d'un traitement de faveur : les employés de la prison n'élevaient jamais la voix, ils lui parlaient avec respect et lui épargnaient les tâches quotidiennes.

« Avec son procès en appel, sa condamnation à mort avait été suspendue en mars 2015 avant d'être confirmée par la Cour suprême quelques mois plus tard. Mumtaz Qadri a fini par être pendu le lundi 29 février au matin. Seulement, tu connais notre pays. Des leaders religieux ont immédiatement appelé leurs partisans à manifester leur colère suite à cette exécution. Et si tu te souviens bien, à ce moment-là, tu as été à nouveau placée en cellule d'isolement. C'est moi qui avais fait la demande pour ta propre sécurité, parce que les mollahs faisaient le lien entre ton histoire et celle de Mumtaz Qadri puisqu'il avait été pendu pour avoir tué le gouverneur qui avait pris ta défense. Je savais que c'était dur pour toi, mais je n'ai pas regretté de t'avoir fait mettre à l'isolement parce que juste après cette pendaison, le pays était en état d'alerte et je craignais pour ta vie au sein même de la prison. Ce jour-là, plusieurs rassemblements massifs ont eu lieu dans les grandes villes à la fois pour contester l'exécution du criminel Qadri mais aussi pour réclamer ta pendaison. Pendant deux jours, des quartiers entiers ont été bouclés, l'autoroute fermée entre la capitale et l'aéroport. Les avocats se sont mis en grève et les écoles affichaient portes closes. Il faut que tu te rendes bien compte, même si c'est peut-être un peu compliqué, que Mumtaz Qadri était considéré par les fanatiques comme un héros mais en même temps, sur les réseaux sociaux, des centaines de Pakistanais progressistes saluaient ce jour historique où le pouvoir judiciaire avait fait son travail sans céder à la pression religieuse.

« Mumtaz Quadri a été enterré dans un mausolée de Bara Haku, un quartier en bordure de la capitale, mais depuis, la tombe de cet odieux personnage est devenue un lieu de pèlerinage. Ses restes gisent dans un tombeau de marbre blanc, surmonté de quatre minarets effilés et d'un dôme carrelé de vert. Et chaque année depuis sa pendaison, un "urs", tu sais c'est une cérémonie musulmane comme celles qui honorent les saints soufis au Pakistan, mobilise en masse des centaines de milliers de personnes, ceux-là même qui veulent te voir pendue au bout d'une corde. Le gouvernement, s'il a fait preuve d'une détermination inattendue en appliquant la sentence suprême, n'a en revanche rien fait pour empêcher la construction de ce sanctuaire à la gloire de l'assassin. Selon moi, l'existence de ce sanctuaire conforte les partisans de la loi sur le blasphème, c'est presque un appel au meurtre ! »

J'étais effarée par tout ce que me racontait l'avocat.

— Mais avec ce sanctuaire, c'est comme s'il était béatifié... ?

— C'est exactement ça Asia, et j'ai été choqué que l'assassin du gouverneur obtienne ce statut de héros national sans que cela fasse sourciller le gouvernement. Et sache que c'est pour cette raison que j'ai accepté de te défendre. C'était à la fois pour la mémoire du gouverneur mais aussi, à travers toi, pour lutter contre toutes les formes de radicalisation islamiste.

— J'espère que le Vatican fera quelque chose pour le ministre catholique Shahbaz Batti qui n'a tué personne et qui a donné sa vie au nom de la justice.

— Je suis sûr que les chrétiens sauront faire la différence entre le bien et le mal parce que, franchement, notre société ne peut pas tomber plus bas au niveau moral ! Rendre hommage à un policier, qui a fait tuer l'homme qu'il était chargé de protéger, qualifié de terroriste par la plus haute Cour du Pakistan...

Au fil de son récit, l'avocat devenait de plus en plus rouge de colère puis il a ajouté en baissant la voix :

— Mais tu vois, Asia, je t'ai défendue, et nous avons gagné.

Ce n'était pas le jour où Ashiq devait me rendre visite, mais ce matin-là, j'avais plus d'entrain que d'habitude. Pâques est une fête joyeuse pour nous les chrétiens et cela m'apportait un peu de joie et d'espoir dans ma vie souterraine. Pour me préparer à affronter une année de plus dans la solitude, je récitais le rosaire avec le chapelet que le pape François m'avait offert lorsque ma petite famille s'était rendue à Rome grâce à une association. « Le Christ nous a pardonné, me répétais-je à moi-même et moi aussi, je dois pardonner à tous ceux qui m'ont fait du mal. Père, pardonne-leur car ils ne savent pas ce qu'ils font. »

Il était encore tôt, et même si je n'avais pas beaucoup de repères, Mamita n'allait pas tarder puisqu'elle venait toujours après la deuxième prière du matin m'apporter une jarre d'eau. J'espérais qu'elle partagerait le thé avec moi en ce jour si spécial pour nous, les chrétiens. En plus de la lessive, je faisais moi-même la cuisine depuis que Kadeeja avait été renvoyée, et ça avait l'avantage de bien occuper mes journées. Ma famille, l'avocat et Anne-Isabelle étaient très stricts sur cette question, redoutant que je me fasse empoisonner. Mamita m'apportait donc les aliments crus et je les préparais ici, dans ma seule et unique gamelle. Mamita se débrouillait toujours pour rester un peu plus longtemps que prévu mais on devait faire attention. Ma gardienne m'était d'un grand secours moral entre ces quatre murs et, après Bouguina, je n'aurais pas supporté de perdre ma seule et unique alliée dans cette prison. J'avais le droit de posséder la petite bible qu'Ashiq m'avait offerte à condition d'être discrète. Mon avocat et le directeur de la prison avaient échangé de nombreux courriers à ce sujet et le directeur avait fini par céder. Ashiq m'avait rapporté une minuscule bible de Rome.

Avec l'aide de Mamita, j'avais aussi fait des démarches pour que l'évêque de Multan puisse venir me donner l'Eucharistie jusque dans ma cellule, mais malgré l'accord de l'évêque et les nombreuses lettres adressées par le diocèse à mon directeur, il ne m'avait pas autorisée à recevoir le corps du Christ.

À chaque fois que Mamita travaillait à la prison, elle avait la gentillesse de m'aider à lire ou plutôt de me faire la lecture des textes sacrés. Cette bible était notre petit trésor, elle était inscrite en nous.

J'étais toujours heureuse de retrouver Mamita. Avec elle je pouvais être naturelle, sans risquer de mauvaise interprétation qui me vaudrait des coups ou une énième condamnation.

Elle ouvrait toujours la serrure de ma cellule avec humanité en refermant délicatement la porte derrière elle. En ce jour de Pâques, je lui avais préparé mon plus beau sourire, mais je l'ai ravalé aussitôt quand j'ai vu pour la première fois son visage éteint, qui semblait porter tout le chagrin du monde. Quelque chose d'abominable avait dû se produire, et je pressentais que mon cœur ne serait plus assez robuste pour entendre une autre mauvaise nouvelle.

Mamita n'a rien dit en posant la jarre d'eau près de moi :

– Qu'est ce qui ne va pas, Mamita ?

Elle était tellement accablée… Après un petit temps d'hésitation, elle m'a répondu d'une voix faible, à peine audible :

— Il s'est passé quelque chose de terrible hier soir à Lahore, un attentat qui visait nos frères et nos sœurs chrétiens a fait plus de 72 morts, dont 29 enfants et 6 femmes.

J'ai eu l'impression que quelqu'un serrait mon cœur dans sa main, le broyait.

— Mais je ne comprends pas, c'était où et quand ?

— L'attentat s'est produit dans le parc Gulshan-e-Iqbal à Lahore, aux alentours de 18 h 30 : un kamikaze bourré d'explosifs s'est fait sauter à côté du manège pour enfants qui se situe près de l'entrée.

— Mais je connais très bien l'endroit ! Nous y sommes allés pique-niquer plusieurs fois avec Ashiq et les enfants pour fêter Pâques.

— La télévision ne parle que de ça, les images montrent des femmes et des enfants dans des mares de sang, pleurant et criant. Et les témoins racontent que lors de l'explosion, les corps volaient dans les airs et les flammes sont montées si haut qu'elles ont dépassé les arbres.

— Mamita, tu m'as toujours dit la vérité… Est-ce que c'est à cause de moi ?

— L'auteur de cet attentat a été identifié grâce à sa tête retrouvée sur place. Il était âgé de 28 ans et, quelques heures après ce massacre, l'attentat a été revendiqué par les talibans qui ont dit qu'ils ciblaient les chrétiens.

— Oh mon Dieu… mais tu ne m'as pas vraiment répondu, Mamita… Est-ce que c'est à cause de mon histoire ?

— On ne peut pas vraiment dire ça. En fait, depuis que l'assassin du gouverneur a été pendu, la communauté chrétienne a un mauvais pressentiment et on s'attendait à un retour de bâton. À la messe, ce matin, le curé de ma paroisse a dit dans le prêche que l'attaque était prévisible et que les mesures de sécurité étaient clairement insuffisantes, autour des églises et des endroits fréquentés par les chrétiens. Nous craignions que quelque chose n'arrive et d'ailleurs les islamistes ont organisé le jour de Pâques des prières commémoratives pour Mumtaz Qadri, a déploré le prêtre. Donc, Asia, ce n'est pas directement lié à ton histoire mais quand même un peu, d'autant que l'attentat est intervenu juste au moment où des heurts opposaient la police à des milliers de partisans de Qadri qui réclamaient ton exécution. Tu n'es pas responsable de la folie des hommes, Asia ! Je ne doute pas que ton cas va créer un précédent ici parce que le monde entier te connaît et regarde le Pakistan attentivement. Je crois fort en toi, Asia, et je suis sûre que ton histoire va aider notre pays à aller vers la lumière.

Je m'étais effondrée sur ma couche, haletante. Je voyais les murs de cette prison se craqueler puis s'effondrer sur moi.

— Allez, reprends ton souffle, m'a dit tout doucement Mamita en me prenant par les épaules. Tu n'as pas le droit de baisser les bras, prions pour tous ces malheureux. Il y avait aussi beaucoup de musulmans parmi les victimes, prions pour que Dieu les accueille au paradis. Pleurons nos victimes, consolons-nous et réapprenons à nous aimer. Pour que le Pakistan et toutes les autres nations se relèvent dans l'Espérance. Pour tenir dans l'épreuve, confions nos morts au Seigneur qui console celui qui est dans la peine. Jésus, Seigneur, donne-leur le repos. Donne-leur le repos éternel.

Puis Mamita a sorti de sa poche un tissu blanc enveloppant un fragment d'hostie consacrée, qu'elle avait gardé puis caché après avoir reçu la communion le matin même. J'avais les yeux embués d'émotion.

— Oh ! Merci ! Merci Mamita pour cette offrande, c'est si beau ce que tu fais pour moi.

— Moins fort, Asia, a chuchoté Mamita en se penchant vers moi, les gardiens ont l'oreille fine et on va se faire remarquer si tu continues à t'agiter comme ça.

J'ai conservé cette hostie dans ma bouche le plus longtemps possible et lorsque je l'ai avalée, le corps du Christ m'a procuré une chaleur qui s'est répandue dans tout mon corps. J'ai ressenti l'amour du Seigneur à l'intérieur de moi.

Les mois défilaient, avec des temps creux et des temps forts. J'affrontais les épreuves les unes après les autres dans ma prison de Multan. À l'extérieur, les événements s'enchaînaient et je m'étais habituée à assimiler les bonnes comme les mauvaises nouvelles. Un matin, Ashiq s'est présenté devant moi, fier comme un Anglais, pour m'annoncer que mon portrait trônait à la Mairie de Paris. J'avais du mal à croire que la capitale de la France s'intéresse autant à mon sort, moi qui étais si loin, au fin fond du Pendjab ! Tout sourire, Ashiq et Joseph m'ont montré une photo qu'Anne-Isabelle avait prise de la façade de l'Hôtel de Ville de Paris ! Je pensais, estomaquée, à tous ces gens que je ne connaissais pas qui regardaient ma photo géante avec cette inscription « Liberté pour Asia Bibi ».

— Dis-moi Ashiq, pourquoi est-ce cette photo que l'on montre de moi tout le temps, je n'avais que 25 ans, et aujourd'hui j'en ai plus de 50 ?

— Tu te souviens, quand Anne-Isabelle vivait encore au Pakistan, elle était venue chez nous quand ta sœur

Nassima y habitait encore, et elle m'avait demandé si elle pouvait prendre cette diapositive. Elle l'avait mise sur la couverture de votre premier livre et, depuis, les médias réutilisent celle-ci.

— Ça veut dire que si je sors un jour, personne ne me reconnaîtra ou tout le monde me trouvera laide et abîmée…

— Mais non, Asia, a repris Joseph, les gens ont besoin de repères simples et cette photo permet de t'identifier tout de suite, c'est très bien.

— Et puis c'est ton âme qu'ils aiment, Asia, pas l'âge que tu as, a ajouté Ashiq avec assurance.

D'autres villes en France[4], mais aussi en Espagne et en Italie, avaient affiché la même photo. J'ai dit à Ashiq que ce serait bien d'écrire une lettre à la Maire de Paris pour la remercier d'avoir été la première à le faire. Ashiq était d'accord et Joseph, qui savait lire et écrire, a dit que c'était une très bonne idée.

18 novembre 2014

Madame la Maire,

Je reviens de la prison de Multan où ma femme Asia Bibi a été transférée il y a plusieurs mois. Depuis que ma femme a été condamnée une première fois à la peine de mort (en 2010) pour avoir bu un verre d'eau au puits de notre village, nous vivons dans la peur : notre famille est menacée. Avec nos enfants, nous vivons cachés au plus près d'elle car elle a besoin de nous pour ne pas se laisser mourir.

4. Bordeaux, Le Mans, La Flèche, La Brède.

Après quatre longues années d'attente dans des conditions très difficiles, nous avions espéré que la Haute Cour de Lahore libère ma femme. Elle n'a pas blasphémé. Jamais elle n'a blasphémé. Depuis que la Haute Cour de Lahore a confirmé la peine de mort contre ma femme, nous ne comprenons pas pourquoi le Pakistan que nous aimons s'acharne contre nous. Notre famille a toujours été heureuse ici, nous n'avons jamais eu de problèmes avec qui que ce soit. Nous sommes chrétiens et nous respectons l'islam. Nos voisins sont musulmans, et nous vivions avec eux dans notre petit village. Mais depuis quelques années, à cause de quelques personnes, la situation a changé et nous avons peur. Aujourd'hui, beaucoup de nos amis musulmans ne comprennent pas pourquoi la justice pakistanaise impose tant de souffrance à notre famille. Nous sommes en ce moment mobilisés pour gagner le dernier recours devant la Cour suprême. Mais nous savons surtout que le meilleur moyen serait d'obtenir la grâce présidentielle. Nous sommes convaincus qu'Asia Bibi ne sera pas pendue si le vénérable président du Pakistan Mammon Hussain lui accorde son pardon.

On ne doit pas mourir pour un verre d'eau. Grâce à une poignée d'amis ici qui nous protègent au péril de leur vie, nos enfants et moi nous survivons, en étant très prudents. Et grâce à Anne-Isabelle Tollet, qui est devenue notre sœur, il y a quatre ans, et avec qui nous parlons très souvent, nous avons des nouvelles de tous ceux qui se mobilisent dans le monde. C'est tellement important pour nous. Cela nous permet de tenir. À chaque visite à Asia Bibi, je lui raconte. Parfois cela lui redonne du courage.

J'ai appris il y a quelques jours que vous proposiez de nous accueillir, si ma femme pouvait sortir de prison. C'est un tel honneur ! Je voudrais vous remercier Madame la maire de Paris, vous dire notre respect et notre immense gratitude. J'espère que nous serons chez vous vivants, et pas morts.

Hier, lorsque j'ai rendu visite à Asia, elle m'a demandé de vous transmettre ce message :

« Dans ma petite cellule sans fenêtre, les jours et les nuits se ressemblent mais si je tiens encore debout, c'est grâce à vous tous. Mon cœur se réchauffe lorsque Ashiq me montre les photos de personnes que je ne connais pas, qui boivent un verre d'eau en pensant à moi. Et j'apprends que la ville de Paris veut de nous. Je veux remercier toutes les personnes à Paris et la maire. Vous êtes ma seule chance de ne pas mourir au fond de ce cachot, s'il vous plaît ne me laissez pas tomber. Je n'ai pas blasphémé. »

Ashiq Masih

Mon amie la journaliste a fait en sorte que cette lettre fasse le tour du monde. Comme une bouteille à la mer, elle a provoqué un raz-de-marée aux quatre coins du globe. Tous les grands journaux sur tous les continents ont accepté de publier cette lettre à une place de choix. Ma notoriété a grandi. Mamita me rapportait que des millions de gens signaient des pétitions pour me voir enfin libre !

Acquittée... vraiment ?

La justice est la sanction des injustices établies[1].

Ce jour-là, j'ai été sortie de ma cellule pour répondre à un appel téléphonique… Comme à chaque fois que se produit un tel événement, inattendu et soudain, je suis déchirée entre le fol espoir d'une issue positive et la terreur de devoir affronter, de nouveau, une mauvaise nouvelle. C'est en tremblant que je prends le combiné que l'on me tend :

— Allô Asia ?

— Oui…

— C'est Saif-ul-Mulook votre avocat, vous m'entendez bien ?

— …

— J'ai l'honneur de vous annoncer que vous venez d'être acquittée par la Cour suprême.

— Quoi ?

— Vous êtes un être humain libre maintenant.

— Pardon ?

— Vous pouvez prendre votre envol et aller où vous voulez…

1. Anatole France.

— Mais… c'est vraiment arrivé ? Vous êtes sûr qu'il n'y a pas d'erreur… ?!

— Non, je vous assure, les juges viennent de vous acquitter à l'instant…

— Mais… que leur avez-vous dit pour qu'ils reconnaissent enfin mon innocence ?

— Asia, je suis encore au tribunal, je dois vous laisser pour signer des papiers…

— Attendez ! S'il vous plaît, ne me donnez pas de faux espoir…

— Je vous le répète, vous êtes innocente aux yeux de la justice pakistanaise.

— Je suis… libre ? Vraiment ?

— Je dois raccrocher maintenant mais je vous donnerai tous les détails plus tard…

— Attendez, ne raccrochez pas, quand allez-vous venir me chercher ? Allô, allô, vous êtes là… ?

Je n'entendais plus rien… J'ai dit « Merci » mais il avait déjà raccroché.

Sidérée, abasourdie par cette révélation, je n'y croyais pas ou plutôt je n'y croyais plus. Je n'arrivais pas à me représenter quittant cet endroit, ni à imaginer que l'on puisse en sortir… Lorsqu'on m'a raccompagnée à ma cellule, je me suis allongée comme une automate sur ma couche comme si cet appel n'avait pas existé… Était-ce un nouveau piège qu'on me tendait ?

Seule dans mon coin, la confusion s'installait dans mon esprit, l'avocat avait parlé si vite et je ne l'entendais pas bien. Était-ce un miracle, *mon* miracle ? Seigneur, parle-moi...

Les heures passaient et je pressentais que je ne serais pas apaisée tant que je ne serais pas réellement hors d'ici. Car je savais que beaucoup souhaitaient ma mort, y compris dans cette prison. J'aurais préféré qu'on vienne me chercher directement si j'étais vraiment innocentée. La pression de ces dix dernières années retombait petit à petit et, vaincue par l'épuisement, je me suis endormie presque aussitôt.

— Asia, Asia, réveille-toi...

On me secouait doucement jusqu'à ce que j'ouvre enfin les yeux. Je me sentais étourdie, abattue comme si j'avais dormi d'un sommeil éternel, mais mon esprit s'est ranimé quand j'ai vu Mamita au-dessus de moi, l'air inquiet.

— Ça fait trois jours que tu dors sans arrêt, je commençais à me faire du souci... Tu te sens bien ?

— Oui..., ai-je soufflé en me redressant péniblement sur mon charpai.

— Tiens prends cette tasse de thé, j'ai mis beaucoup de sucre, tu en as bien besoin.

À chacune de mes gorgées, je reprenais peu à peu mes esprits, quand un sentiment d'angoisse m'a submergée.

— Mamita, j'ai rêvé ou j'ai été innocentée ?

En se servant une tasse de thé brûlant, Mamita a souri.

— Tu as été acquittée Asia, maintenant tu es libre.

— Mais si je suis libre de partir et de respirer un autre air qu'ici, pourquoi suis-je encore dans cette cellule ?

Mamita a froncé les sourcils :

— Depuis que tu as été acquittée par les juges, disons que… je ne t'apprends rien en te disant que ton cas est un peu particulier… Et pendant que tu dormais, il s'est passé des choses dans notre pays à ton sujet et la télévision ne parle que ça.

Mamita m'a alors raconté que, dès l'annonce de ma relaxe, le Tehreek-e-Labaik Pakistan (TLP), connu pour sa ligne particulièrement dure en matière de blasphème et que l'on pourrait maintenant appeler le parti « anti-Asia », avait organisé d'énormes manifestations de protestation.

— Ils réclamaient ta pendaison ainsi que celle des juges qui t'ont innocentée, qualifiés eux aussi de « blasphémateurs ». Pendant ton sommeil, ces trois derniers jours, le pays a donc été totalement paralysé. Tous les grands axes du pays ont été fermés au trafic, même l'autoroute qui mène à l'aéroport. Les gens sont restés cloîtrés chez eux, craignant la fureur des islamistes ; de nombreux commerces et écoles ont fermé et le réseau téléphonique est resté coupé une bonne partie de la journée dans les grandes villes. Les religieux scandaient devant la foule : « *Libérer Asia est un premier pas vers une abrogation de la loi sur le blasphème. L'Occident a toujours essayé de modifier cette loi, mais nous résisterons.* »

Effrayée par ce que j'entendais, je fixais Mamita sans pouvoir réagir.

— Tu es toute pâle, Asia, tu veux que j'arrête ?

— Non, non, continue, il faut que je sache même si ce n'est pas agréable. Je m'inquiète pour ma famille, j'imagine qu'ils sont à l'abri, enfin j'espère...

— Ils se sont toujours très bien débrouillés, c'est triste à dire mais ils se sont habitués maintenant à devoir se cacher. Ça va aller Asia, ne t'inquiète pas.

— Tu as sans doute raison, Mamita... Continue...

Mamita m'a alors informée qu'un autre chef de file, dans les manifestations, appelait même à la mutinerie de l'armée. Mais le soir même à la télévision, le porte-parole de l'armée avait indiqué qu'il s'agissait d'une affaire judiciaire et que l'armée n'avait rien à voir avec cela. Il martelait : « *Ne nous entraînez pas dans ce genre d'affaire.* »

Face à ces menaces, le Premier ministre pakistanais, Imran Khan, avait de son côté appelé au respect de la décision de la Cour suprême. Lors d'une intervention télévisée très solennelle, le chef du gouvernement avait demandé à ses compatriotes de ne pas écouter ceux qui appelaient à rejeter ce verdict car, précisait-il, « *ils le font pour leur propre intérêt politique* » et « *ne rendent pas service à l'islam* ». Ce langage « *est celui des ennemis du Pakistan* », « *Ne nous forcez pas à agir* », avait-t-il ajouté à l'adresse de ceux qui « *incitent à la violence* » dans le pays.

— De nombreux Pakistanais, a enchaîné Mamita, et moi la première, avons salué ce ton de fermeté même si nous étions inquiets aussi de voir le chaos s'installer.

On voyait bien que les autorités étaient dépassées, elles hésitaient à intervenir car le gouvernement craignait une « réaction violente » en cas de victimes.

Puis, le cœur serré, Mamita m'a annoncé que je risquais d'être à nouveau jugée. Cette nouvelle m'a cruellement déchiré le cœur et malgré tous mes efforts, je n'ai pu cacher mon désespoir.

— Mais comment est-ce possible ? L'avocat m'a pourtant assuré qu'il ne se moquait pas de moi ! C'était trop beau !

Mamita a tenté de me calmer en me disant que le Premier ministre Imran Khan avait dû accepter de négocier avec les islamistes pour rétablir l'ordre, mais qu'il ne fallait pas que j'oublie que ce Premier ministre était de mon côté et qu'il savait ce qu'il faisait en signant cet accord qui consistait à accepter « une enquête en révision » de mon procès.

— Qu'est-ce que cela veut dire, Mamita ? Que je vais être à nouveau jugée ? Que le verdict de la Cour suprême ne compte plus ?

— Cela signifie que, pour que les islamistes se calment, la Cour suprême va s'assurer qu'ils n'ont pas fait d'erreur, et qu'ils sont bien certains de leur jugement.

— Ils pourraient donc changer d'avis ?

— Ou pas ! Ils peuvent dire aussi : « Nous avons bien vérifié, et nous sommes sûrs de l'innocence d'Asia Bibi, il est donc inutile de faire un nouveau procès. » Aie confiance Asia, c'est bientôt fini.

La requête en révision avait été déposée par mon accusateur, l'imam de mon village, qui décidément ne lâchait rien, alors qu'il n'était même pas présent lors de la dispute avec les femmes dans le champ de cueillette.

Après le départ de Mamita, je me suis agenouillée dans ma cellule pour élever mon âme à Dieu :

Mon Dieu, fais que je trouve les mots justes : je suis brisée, écrasée, à bout de forces, mon cœur gronde et rugit. Seigneur, tout mon désir est devant toi, et rien de ma plainte ne t'échappe. Le cœur me manque, mes forces m'abandonnent, et même la lumière de mes yeux s'évanouit. Ceux qui veulent ma perte me talonnent, ces gens qui cherchent mon malheur prononcent des paroles maléfiques. Moi je n'ouvre pas la bouche et, Seigneur, je sais que toi tu répondras. Mes ennemis sont forts et vigoureux, ils sont nombreux à m'en vouloir injustement. Quand je cherche le bien, ils m'accusent. Mon Dieu, ne m'abandonne jamais, ne sois pas loin de moi, viens vite à mon aide.

Le lendemain, j'ai reçu la visite de mon avocat qui a immédiatement évoqué cette requête en révision, précisant que celle-ci ne tenait pas la route.

— C'est une astuce du gouvernement pour faire en sorte que les islamistes calment leur fureur, parce que les étrangers n'arrêtent pas de faire des appels du pied pour que tu rejoignes leur pays. Mais tant que cette requête n'est pas examinée, tu ne peux pas quitter le Pakistan.

— Mais ça ne cessera donc jamais et ça peut prendre encore des années !

— Non Asia, le monde nous regarde, ça va être rapide.

J'étais un peu rassurée par mon avocat qui avait l'air vraiment confiant. Je me disais aussi qu'il avait réussi l'impossible, et j'étais curieuse de savoir ce qu'avaient dit les juges pour qu'ils acceptent enfin de reconnaître mon innocence. Comme il me l'avait promis au téléphone, il a pris le temps de m'expliquer…

— Ma stratégie consistait à démontrer que tu étais victime d'un complot et les juges m'ont entendu. La décision signée par Saqib Nisar, le premier président de la Cour suprême, était longue de 56 pages, pour expliquer les motivations de ton acquittement, mais je vais te dire l'essentiel :

• l'incident du présumé blasphème a eu lieu le 14 juin 2009. Or le premier dépôt de plainte a eu lieu le 19 juin 2009, soit cinq jours plus tard. Ce retard, selon la jurisprudence pénale, était un indice de complot ;

• les deux femmes, témoins oculaires des faits, Mafia et sa sœur qui se sont disputées avec toi, ont déclaré que tu avais exprimé des paroles blasphématoires à l'encontre de Mahomet en présence d'au moins 25 à 30 femmes, mais aucune autre n'a comparu devant le tribunal pour soutenir cette accusation ;

• une autre femme a déclaré dans sa déposition que le litige ne portait pas sur une source d'eau potable alors qu'elle l'avait affirmé dans d'autres dépositions. Il existait donc une réelle contradiction ;

• les témoins oculaires ont indiqué que 1 000 personnes du village étaient présentes lors de l'assemblée tenue en présence des imams locaux pour t'incriminer, d'autres parlent de 100 personnes, se référant à un autre lieu. Il existe donc des versions contradictoires y compris sur la durée de cette assemblée.

La Cour, ayant relevé de nombreuses incohérences, a donc décidé qu'il « *n'était pas possible d'affirmer au-delà de tout doute raisonnable, la culpabilité d'Asia Bibi* ». Tu as donc été acquittée de toutes les charges qui pesaient sur toi.

Je ressentais des bouffées de joie d'entendre que la vérité éclatait enfin, mais je ne comprenais toujours pas très bien cette histoire de révision du procès.

— Mais expliquez-moi… comment est-ce possible que je sois rejugée après tout ça ?

Le téléphone portable de mon avocat s'est alors mis à sonner dans sa poche, et il s'est excusé de devoir décrocher :

— Oui, entendu, je vais faire le nécessaire…

Après avoir raccroché, il m'a adressé un grand sourire.

— Tu vas sortir de ta prison, Asia, demain au plus tard, tout est arrangé.

— Je vais sortir, vraiment ? Je vais pouvoir retrouver ma famille ?!

— Non pas tout à fait, tu vas d'abord pouvoir retrouver ton mari à Islamabad, mais tes enfants vont demeurer à Lahore avec Joseph. Tant que la Cour n'a pas révisé ton procès, tu resteras dans un lieu sécurisé pour ne pas te faire tuer, et si jamais les juges décidaient (ce qui me semble peu probable) de te rejuger, tu retournerais en prison.

— Mais c'est affreux, comment peut-on me faire cela ? Je vais encore devoir vivre avec cette angoisse d'être pendue, parce que s'ils acceptaient de refaire un procès ce serait forcément pour me condamner… sinon ça ne sert à rien.

— Asia, chaque chose en son temps et concentre-toi sur les bonnes nouvelles : tu vas sortir de prison et, pour l'instant, tu n'es plus coupable de rien. Moi je vais m'envoler pour l'Europe parce que, depuis ton acquittement, les islamistes me cherchent et c'est trop dangereux pour moi de vivre ici. Je voudrais rester mais ils me poussent à partir.

— Mais sans vous ici, ils vont me recondamner !

— Je ne te laisserai pas, je continuerai à suivre ta situation depuis l'Europe, et je te le redis Asia, je suis très confiant. Maintenant, il faut que j'organise ton exfiltration avant que je parte moi-même. Je te laisse et te demande de continuer à y croire, tu sais que le plus dur est derrière toi.

En regagnant ma cellule, j'ai trouvé l'endroit moins sombre et moins lugubre que d'habitude. Je me disais que si je n'étais pas totalement innocente, ils ne me laisseraient pas quitter la prison et ça m'apaisait un peu. Allongée sur mon charpai, je repensais à ma première nuit en prison et aux neuf années qui avaient suivi, avec leur lot d'espoirs et de désillusions. Aux gardiens cruels et malveillants comme Khalil et Kadeeja, et à ceux qui m'avaient apporté de la douceur comme Bouguina… et Mamita à qui je dirais au revoir demain matin, le cœur lourd.

À la tombée de la nuit, j'ai entendu un remue-ménage inhabituel. Des hommes couraient, s'interpellaient, hurlaient. Des grilles s'ouvraient et se fermaient, des pas se précipitaient dans le couloir, puis la frayeur m'a saisie quand j'ai reconnu des pas de bottes qui claquaient en direction de ma cellule. Terrifiée, j'ai crié : « Mamita ! » mais c'est Khalil, le garde de ma première prison, qui a ouvert la porte avec fracas. Il s'est contenté de me fixer, les yeux injectés de sang :

— Dès que j'ai appris la nouvelle, je me suis arrangé pour venir ici. Tu crois vraiment que tu vas t'en tirer comme ça, sale chienne ?

Je me suis d'abord complètement figée, puis je lui ai dit en pleurant :

— Mais il y a une erreur, vous devez le savoir, les juges m'ont innocentée.

— Bien sûr, que tu as été acquittée, mais nous on en a décidé autrement et ce n'est pas ton avocat, ni les juges, ni même le Premier ministre qui font la loi ! Ils sont corrompus à l'Occident et trahissent l'islam, moi je suis là pour remettre de l'ordre dans tout ça et je te garantis que tu ne sortiras jamais de cette prison.

Ses bottes se sont avancées, puis, emporté par la fureur, il m'a attrapé les cheveux avec poigne, m'obligeant à pencher la tête en arrière. Mon foulard a glissé par terre et tout en le piétinant il m'a lancé :

— Tu n'es même pas présentable, tu resteras indigne jusqu'au bout avant de rejoindre l'enfer.

Pendant que je le suppliais de m'épargner, Il m'a attaché les mains avec une corde rêche qui m'est rentrée dans la chair.

— Maintenant tu vas venir avec moi, sale vermine !

— Je vous en supplie, s'il vous plaît !

Il a saisi la corde pour me tirer hors du lit, a claqué la porte et plaqué sa main sur ma bouche en me tirant avec une vigueur bestiale dans le couloir. Je me sentais glacée et je ne voyais plus rien, ni les sols ni les murs, à l'exception de cette petite porte sous l'escalier qui menait à la promenade. Derrière cette porte, se déroulait un escalier en colimaçon qui menait au sous-sol. J'ai tenté de résister en freinant avec mes deux pieds, tandis qu'il me tirait de toutes ses forces par la corde qui reliait mes mains. Nous avons entamé la descente, j'ai trébuché sur une marche rouillée, suis tombée en avant et me suis rattrapée de justesse. Mais Khalil ne ralentissait pas. Je savais que cette descente menait à ma perte, et je pleurais, je criais : « Aidez-moi ! » Khalil s'est retourné et m'a flanqué un coup de botte dans la cuisse avant de me traîner dans une pièce voûtée. La profondeur humide du sous-sol était suffocante et j'ai été prise à la gorge par une odeur insupportable de viande avariée.

— Tu la sens, la mort, m'a dit le garde sur un ton sadique.

J'ai parcouru des yeux cette pièce sombre, éclairée seulement par la lueur de deux torches. Une chauve-souris, pendue la tête en bas, était accrochée au-dessus d'une corde suspendue qui, visiblement, m'attendait. Je me disais que moi aussi j'allais être pendue ! Au sol il y avait un cageot de pommes vides et la corde semblait bien usée.

J'ai crié : « Ne faites pas ça ! » Mais Khalil m'a répondu d'un coup de botte dans le bas du dos.

J'avais des haut-le-cœur, cette odeur de mort me donnait envie de vomir.

— T'as peur, hein ? T'as bien raison parce que cette fois, c'est ton heure !

— Mais demandez au directeur, vous n'avez pas le droit !

Je savais que j'allais être tuée mais je ne voulais pas mourir avec lui. Une soif brûlante desséchait ma poitrine. J'ai adressé mes prières au Seigneur, je priais pour mes enfants. Pendant que Khalil ajustait la hauteur de la corde, je demandais au Seigneur pourquoi il m'avait infligé autant de souffrances, pourquoi il avait laissé ces barbares gagner… J'aurais préféré qu'on me tue il y a dix ans, cela la mort du gouverneur et du ministre, le chagrin de ma famille... Et j'ai pensé à tous ceux qui soutenaient ma cause à travers le monde... Tout ça pour finir suspendue à cette corde, par la main de ce Khalil !

— Pitié, je suis innocente.

En me mettant la corde au cou, Khalil m'a répondu en ricanant mais je ne l'entendais plus, pas plus que mon cœur qui me parlait. Je ne me débattais plus, je ne pensais plus à rien, ma tête était vide. J'entendais vaguement Khalil râler parce qu'il n'arrivait pas à ajuster la corde à la taille de mon cou :

— Et dire... que je fasse le travail moi-même... gardien moi, pas bourreau... les prochains... ta famille et les juges... Acquittée !... Bye bye les parasites... Allah Akbar !

Il testait la solidité de la corde, usée tant elle avait servi. À chaque seconde qui s'écoulait, il me semblait un peu plus quitter la vie, et commencer à mourir. J'apprenais à crever tout en restant vivante.

Alors j'ai senti la gêne de la corde. Il m'a poussée dans le vide. Il y a eu un claquement sec quand la corde s'est tendue et je fouettais le vide avec mes pieds comme un pantin. Secouées de spasmes de plus en plus rapprochés, mes jambes cherchaient désespérément un appui. Puis peu à peu mes muscles se sont détendus et j'ai senti ma vessie se vider.

Khalil me regardait en affichant le large sourire que je lui avais rendu avant de mourir.

***

Le soleil entrait à flots par la fenêtre et illuminait un décor semblable à l'idée que je me faisais du paradis. J'entendais des chuchotements et des bruits de vaisselle. Mon corps était perclus de douleur, et j'éprouvais une immense fatigue. Une odeur de pain grillé submergeait mes narines... Je croyais rêver quand j'ai entendu la douce voix d'Ashiq.

— Asia, Asia, calme-toi !

Je m'étais recroquevillée sur moi-même, j'ai senti une main me caresser les cheveux, et je m'y suis cramponnée de mes deux mains serrées.

— Tu es réveillée ?

J'étais en nage, l'intérieur de mes mains transpirait et j'avais mal à la tête.

— Mais... qu'est-ce que tu fais là ? Où sommes-nous ?

— Tu as été libérée cette nuit de ta prison, un avion t'a menée jusqu'ici, à 4 heures du matin.

— Alors je suis libre, vraiment, je n'ai pas été pendue ?

— Quand je suis arrivé ici au petit matin, tu avais eu un sommeil très agité, tu as dû faire un cauchemar...

Quand je me suis redressée d'un bond sur ce lit qui m'était jusqu'alors inconnu, j'ai senti quelque chose de froid et de mouillé entre mes jambes.

— Tout va bien aller maintenant, Asia.

— On m'a pendue cette nuit... c'était Khalil... et ça semblait si réel...

— Ce n'était qu'un cauchemar, m'a assuré Ashiq en prenant ma main qui tremblait comme une feuille. Tu ne te souviens pas de cette nuit ? On est venu te chercher dans ta cellule et tu as pris un petit avion pour arriver jusqu'ici.

En guise de réponse, j'ai regardé le plafond laqué en rose saumon.

— Ici, il y a tout ce qui faut Asia, tu vas pouvoir te doucher et te changer, on parlera après.

— Oui, parce que ma mémoire me fait défaut... Je me souviens de mon rêve mais pas de la réalité. Et nos filles, où sont-elles? Pourquoi ne sont-elles pas ici avec nous?

— Pour des raisons de sécurité, elles sont avec Joseph qui prépare tous les papiers, il faut qu'ils partent le plus vite possible. Nous, on est bloqués ici jusqu'à l'examen de ta requête. L'appel de ton accusateur, Qari Muhammad Salaam, sera examiné par la Cour suprême le 29 janvier prochain, soit dans trois mois.

— Mais c'est dans longtemps!

— Oui, mais tu n'es plus en prison Asia, et nous sommes enfin réunis, c'est un grand pas! Regarde d'où on vient...

Après avoir pris une douche chaude et avalé quelques chapatis grillés, les souvenirs de la nuit me sont revenus petit à petit, le flash d'un petit avion avec, à son bord, quelques étrangers et des policiers pakistanais. J'ai pensé à Mamita et j'ai ressenti une peine immense de ne pas avoir pu lui dire au revoir. Compte tenu des circonstances, je savais aussi qu'elle ne m'en voudrait pas et, la connaissant, elle devait se réjouir que je sois enfin sortie de ma cellule.

Je me souvenais avoir eu très mal aux oreilles dans l'avion, je revoyais distinctement un policier me tendre un casque, m'expliquant que c'était pour que mes oreilles me fassent moins souffrir. Et il avait raison, coiffée de ce casque anti-bruit, les bourdonnements dans ma tête avaient cessé, rendant le voyage moins pénible.

Ashiq m'expliquait que, juste après l'annonce de mon acquittement par la Cour suprême, ils avaient été, avec Joseph et nos filles, recueillis à Londres par une association catholique.

— C'était l'occasion de dire à la communauté internationale que nous étions en danger au Pakistan et que tu ne pouvais pas rester vivre là-bas sans risquer de te faire tuer. J'ai enregistré un message pour Donald Trump qui est le président des États-Unis pour qu'ils nous accueillent. Eisham pleurait beaucoup et a dit aux journalistes qu'elle était très heureuse que tu sois enfin reconnue innocente mais que maintenant elle voulait te retrouver pour te serrer dans ses bras.

— Et moi Ashiq, je ne pense qu'à ça depuis 3 500 jours…

Mon mari tentait de me remonter le moral en me disant qu'à l'étranger tout le monde s'était félicité du verdict. « Longue vie au Pakistan », a même tweeté le fils de Salman Taseer, Shahbaz Taseer, en réaction au verdict. Et depuis le Vatican, Paul Batti, le frère du ministre assassiné Shahbaz, qui avait pris sa relève de 2011 à 2013, a dit que ma libération *« reflète le courage de la justice actuelle et du pays qui va vers une cohabitation pacifique et le respect des minorités ».*

Et ça a suscité chez nous un grand espoir, même si on craint, dans le même temps, qu'il y ait de possibles répercussions contre les chrétiens.

Dans notre petite pièce, il y avait une télévision. J'ai demandé à Ashiq si on pouvait l'allumer, je voulais voir ce que disaient les informations, savoir si on parlait encore de moi... Justement, la chaîne Geo News diffusait une conférence de presse que tenait mon avocat Saif depuis l'Europe :

« Le verdict montre que les pauvres, les minorités et la fraction la plus modeste de la société peuvent obtenir justice dans ce pays en dépit de ses défauts. Je suis très heureux qu'Asia Bibi ait pu être acquittée. Ceci est le jour le plus important et le plus heureux de ma vie. Le gouvernement du Premier ministre Imran Khan semble déterminé à assurer la sécurité d'Asia, de son mari, Ashiq Masih, et des deux filles du couple, jusqu'à ce qu'un autre pays accepte de les accueillir. Le Canada est leur plus probable destination [...] Asia n'est pas une personne sophistiquée. Elle est née, voici 54 ans, au sein d'une famille pauvre d'un village poussiéreux d'agriculteurs de la province du Pendjab, et ne s'est jamais assise, de toute sa vie, dans une salle de classe ne serait-ce qu'un seul jour. Mais elle a été soutenue par sa forte foi religieuse lorsqu'elle a été confrontée à ces lois sur le blasphème qui sont souvent exploitées par des extrémistes religieux et de simples Pakistanais pour régler leurs comptes personnels [...] Asia ne s'était jamais aventurée bien loin de son village avant de se retrouver en prison, et donc commencer une nouvelle vie dans un nouveau pays pourrait être un défi pour elle. Mais elle a manifesté une force remarquable tout au long de son épreuve, et je suis convaincu qu'elle le relèvera. »

— Si tu veux on peut appeler Joseph et les filles, tu te sens prête ?

— Oh oui !

— Allô Joseph, c'est Ashiq, oui, je suis avec Asia, et même si elle a du mal à réaliser, elle se porte bien. Et vous ?

— Tout le monde va bien ici, et on fait très attention parce que la libération d'Asia a créé des émeutes terribles dans la rue. On est caché et on ne sort plus du tout, pour ne prendre aucun risque.

— Allez-vous pouvoir partir avant nous ? Car nous sommes encore retenus ici pendant trois mois.

— Oui, Anne-Isabelle s'est débrouillée avec la France pour qu'on puisse être accueillis et elle a aussi demandé à son président de demander au président canadien s'il était d'accord aussi, et il a dit oui ! Je pense que nous serons mieux au Canada parce que là-bas les gens savent parler anglais, et puis il y a beaucoup de Pakistanais.

— On ne voit pas où c'est, ni à quoi ressemble ce pays, mais du moment qu'on est en sécurité…

— Je suis donc en train de préparer tous les papiers avec l'ambassade du Canada et nous allons bientôt pouvoir partir. Bon, je vous passe les enfants qui trépignent autour de moi.

— Allô maman ?

— Mes chéries, comme je suis contente de vous entendre !

— On nous dit que tu es libre, maman, pourquoi on n'est pas ensemble ?

— Ce n'est qu'une question de temps mes amours, mais on va se retrouver très bientôt, c'est promis ! Le plus important c'est que vous soyez à l'abri, et vous serez en sécurité, vous allez partir au Canada, et moi je vous rejoins dès que possible avec papa. Tout va aller bien maintenant, mes amours.

Enfin libre ?

« Priver les gens de leurs droits fondamentaux revient à contester leur humanité même[1]. »

Les mois qui ont suivi sont une période de ma vie dont je n'aime pas trop me souvenir : un épisode morose, ennuyeux, inutile, vécu dans la contrainte et dans une sorte de semi-captivité. Ashiq et moi étions constamment à la fois gonflés d'espoir et assaillis d'une angoisse folle, et c'était tout ce qui rythmait nos journées. Enfermés tous les deux dans une pièce, dotée d'une petite cuisine et d'une salle de bains, une sorte de prison dorée dont la porte ne s'ouvrait que pour nous apporter de la nourriture.

Dans cette maison ultraprotégée par les renseignements militaires d'abord, dans les collines en dehors de la ville d'Islamabad, nous avons été certes bien traités mais nous tournions en rond comme des poissons dans un aquarium, en attendant que la Cour suprême décide ou non de me rejuger. Sous le contrôle des gardes, j'avais le droit de téléphoner à mes filles une fois par jour, pas plus. Je me suis sentie terriblement frustrée et accablée de ne pas pouvoir

1. Nelson Mandela.

les retrouver au Canada pour fêter ce Noël 2018 qui aurait dû être le plus heureux de tous, puisque je venais d'être innocentée par la Cour suprême. Quel triste Noël, avec en arrière-plan la frayeur d'un jugement qui pourrait à nouveau me condamner. Avec Ashiq et nos filles, nous avons retenu notre souffle pendant trois longs mois avant que la Cour suprême ne livre ses conclusions : ce mardi 29 janvier, les juges ont officiellement rejeté la demande de révision du procès déposée par l'imam Qari Salaam, qui avait déjà déposé la première plainte, et qui décidément s'acharnait contre moi. Cet ultime verdict, mon avocat me l'avait annoncé au téléphone, mais avec Ashiq nous avons véritablement poussé un énième, long et définitif soupir de soulagement, en écoutant en direct à la télévision la conférence de presse du juge Asif Saeed Khosa, qui disait devant le monde entier que j'étais acquittée pour de bon.

« Est-ce le visage de l'islam que nous voulons montrer au monde ? Est-ce que l'islam dit qu'il faut pendre quelqu'un même si la culpabilité de cette personne n'est pas avérée ? » tonnait le président de la Cour suprême devant une salle comble.

Avant l'annonce de ce courageux verdict, et afin d'éviter de nouvelles émeutes dans tout le pays, le Premier ministre Imran Khan avait pris le soin de jeter en prison Khadim Hussain Rizvi, le chef du parti islamiste Tehreek-e-Labaik Pakistan (TLP) avec 300 de ses acolytes pour rébellion et terrorisme. Ce sont eux qui avaient organisé les violentes manifestations après l'annonce de mon premier acquittement en demandant ma mort et celle des juges qui m'ont innocentée.

Maintenant, je pouvais enfin respirer, j'étais libre, vraiment libre, et théoriquement plus rien ne me retenait dans ce pays où j'étais menacée de mort par tous les islamistes.

J'avais dit à mes filles au téléphone : « C'est désormais une question d'heures ou de quelques jours mes chéries, préparez-vous, papa et maman arrivent en courant ! »

À la fin de la journée, des gardes sont venus nous chercher pour nous accompagner à l'aéroport. J'étais si heureuse de pouvoir déployer mes ailes et m'envoler vers mes enfants, même si mon cœur se serrait à l'idée de ne pas pouvoir dire au revoir à mon papa.

Ashiq et moi attendions dans une pièce fermée de l'aéroport Benazir Bhutto, sous la protection d'un garde posté devant la porte, avec, pour seul et unique bagage, un sac en plastique contenant un savon et une tenue de rechange. Nous trépignions d'impatience à l'idée de prendre cet avion de la délivrance quand un militaire au béret noir nous a signifié qu'il était temps de partir pour… Karachi !

— Mais… nous devons aller au Canada retrouver nos enfants, il doit y avoir une erreur !

— Je ne peux rien vous dire, ce sont les ordres que j'ai reçus et c'est comme ça !

Avec Ashiq on s'est regardés, complètement éberlués, les larmes me montaient aux yeux quand j'ai demandé au garde :

— Pourquoi dois-je encore rester au Pakistan ? C'est un cauchemar ! Ce n'est pas vrai !

C'était pourtant bien réel et, une heure de vol plus tard, nous nous sommes retrouvés enfermés à double tour dans une petite pièce sordide, au deuxième étage d'une maison gardée par les services de renseignements militaires, dans la ville portuaire de Karachi.

Par chance, j'ai immédiatement obtenu l'autorisation de téléphoner à Aman, mon ami pakistanais, qui travaillait pour l'Union européenne depuis l'Australie. Lui aussi était sous le choc et ne comprenait pas pourquoi je n'avais pas le droit de quitter le pays alors que le ministre de l'Information clamait partout que j'étais totalement libre de mes mouvements, au Pakistan comme à l'étranger. Ce qui inquiétait Aman, c'était que l'accord qu'avait signé le gouvernement avec les islamistes du TLP prévoyait, outre le fait de ne pas s'opposer à la requête en révision du jugement, de m'inscrire sur une liste pour m'empêcher de sortir du territoire. Cela pouvait donc expliquer pourquoi j'étais encore coincée au Pakistan.

Comme un loup qui ne lâche pas sa proie, les islamistes s'acharnaient sur moi. J'éprouvais tour à tour de la lassitude, de la colère, de la tristesse et de l'angoisse. Ashiq était très accablé, car lui aussi se retrouvait emprisonné avec moi... j'aurais préféré qu'il puisse au moins partir pour retrouver nos filles.

Dieu que le temps n'en finissait pas de passer! Je vivais un présent qui s'écoulait au ralenti. Aman, heureusement, me remontait le moral tous les jours au téléphone :

— Il faut que tu y croies, Asia! Sache qu'un député de l'Union européenne, avec qui je travaille, est actuellement à Islamabad pour organiser ton départ. Il s'appelle Jan Figel et tu peux lui faire confiance.

— Mais tu sais, Aman, je n'y crois plus, je pense que je ne reverrai jamais mes filles. Si je suis assassinée ou si quelque chose m'arrive, s'il te plaît, n'oublie pas mes enfants.

— Asia, je sais que c'est dur, mais il faut encore être un petit peu patiente, tu vas les retrouver tes filles, je te le promets.

Mais comment être patiente après avoir perdu presque dix ans de ma vie à cause de fausses accusations ? Et comment accepter de ne pas être autorisée à vivre ma vie librement alors que je venais d'être définitivement blanchie par la justice ? Cela n'avait pas de sens.

Seigneur Jésus,
Aide-moi et reste avec moi,
Aujourd'hui et toujours.

C'est seulement avec du recul, et l'aide d'Aman et d'Anne-Isabelle, que j'ai compris pourquoi je suis restée bloquée quatre mois à Karachi avec Ashiq. Selon Anne-Isabelle, mon départ était perçu par les islamistes comme une victoire de l'Occident qui affaiblissait les lois du blasphème au Pakistan. Pour Aman, le gouvernement pakistanais tentait de gagner du temps pour qu'on oublie mon existence. Leur priorité était d'éviter la mauvaise publicité autour de mon cas. En me laissant partir à l'étranger, les autorités pakistanaises savaient que je ferais vraisemblablement l'objet d'une large attention médiatique.

Le 8 mai 2019, le gouvernement pakistanais a publié ce communiqué officiel : « *Asia Bibi a quitté le Pakistan de son plein gré.* »

Il aurait été plus juste d'écrire : « *Après avoir été retenue sept mois contre son gré au Pakistan, le gouvernement autorise Asia Bibi à s'envoler pour le Canada pour retrouver ses enfants.* »

Une fois que j'ai été à l'abri dans l'avion, les autorités ont libéré Khadim Hussain Rizvi, le chef du parti religieux islamiste à l'origine des violentes manifestations. Après mon départ, il n'y pas eu de révolte dans les villes, preuve que le gouvernement avait réussi, du moins pendant un temps, à museler les fanatiques. Les islamistes ont beau avoir perdu la bataille, je ne me sentirai toutefois jamais totalement en sécurité, je les sais tenaces et nombreux à travers le monde à vouloir ma mort.

D'ailleurs, à peine arrivée au Canada, un militant islamiste a publié sur internet une vidéo affirmant qu'il était venu au Canada pour me tuer. Dans cette vidéo de trois minutes, publiée le 15 mai, l'homme affirme avoir rejoint l'Alberta au Canada. Le visage masqué, il entonne un chant islamique rendant hommage au prophète Mahomet, tout en déclarant qu'il massacrera « la blasphématrice Asia Bibi ». L'homme ajoute que je vais à nouveau commettre un blasphème depuis l'étranger et que je vais recevoir un prix pour ça. Pendant toute la durée de la vidéo, l'homme répète en boucle qu'il veut ma mort : « *Aux ennemis de l'islam et au gouvernement juif qui ont libéré Asia Bibi, je vais bel et bien la tuer !* »

Cette vidéo qui fait froid dans le dos a été prise très au sérieux par les autorités canadiennes ainsi que par l'Union européenne qui l'ont étudiée de près. D'après mon ami Aman, le résultat de l'enquête a montré qu'elle avait été enregistrée au Pakistan et non au Canada contrairement à ce qu'affirme l'islamiste, parce qu'on reconnaît des bruits de rue et de circulation comme les cornes de fourgonnettes et de motos très spécifiques au Pakistan.

Au départ de Karachi, le voyage nous a semblé interminable, mais nous avions, Ashiq et moi, le cœur léger et palpitant. Nous avons d'abord atterri à Toronto où nous avons attendu quelques heures avant de prendre un autre avion, puis une voiture avant de rejoindre la destination finale que je ne peux dévoiler pour des raisons de sécurité évidente. D'ailleurs, le gouvernement canadien s'est montré très ferme à cet égard, pas de photo, pas de rendez-vous qui risqueraient de nous mettre en danger. Tant que j'étais présente sur le sol canadien, j'étais donc condamnée au silence et, pendant le transit à Toronto, on m'a fait signer des papiers en ce sens. Aman, qui avait orchestré mon exfiltration avec son ami député Jan Figel, connaissait tous les dessous de cette opération. Le Pakistan avait accepté de me laisser partir à condition que le Canada s'engage à faire de moi une « *héroïne muette* ». Les deux pays avaient signé cet accord et je comptais bien le respecter car je ne voulais pas décevoir ma première terre d'accueil.

C'est donc après un interminable périple que nous avons pu retrouver nos filles Eisha et Eisham dans une chambre d'hôtel. Je reprenais enfin ma place auprès de mes enfants, avec mon identité de maman dont on m'avait privée toutes ces années. Pour la première fois depuis l'épisode de la cueillette, qui m'avait plongée en enfer, je me suis sentie enfin libre d'aimer, d'espérer et de vivre mon existence.

Merci mon Dieu,
Tu m'as éclairé la route
Et montré le chemin
Celui de l'espoir qui délivre
Et remplace les songes creux
Par une folle envie de vivre
Je veux crier de tout mon être
Merci mon Dieu !

Ma nouvelle vie dans un pays libre

Il n'est point de bonheur sans liberté, ni de liberté sans courage[1].

J'avais l'impression de rêver tout éveillée en retrouvant ma petite famille enfin réunie. Nous avons passé quelques jours à l'hôtel à nous regarder, à sourire et nous embrasser, puis nous avons emménagé dans une maison toute neuve dans un quartier paisible. La longue rue comptait une vingtaine de maisons aux dimensions diverses, encadrées par des jardins bien entretenus. Notre maison n'était ni grande ni petite, mais à mes yeux, c'était un château comparée à notre ancienne maison d'Ittan-Walli. L'intérieur était meublé de manière moderne et confortable et, sur le sol – je n'avais jamais vu ça –, il y avait du bois tout lisse qu'on appelle du parquet. Ça me changeait de la terre battue que j'avais toujours connue chez moi ou dans ma cellule, et ce n'était pas désagréable de pouvoir marcher pieds nus sans risquer de se blesser ou de se salir les pieds.

1. Périclès.

Nos filles avaient chacune leur chambre, avec leur propre salle de bains, et la cuisine était comme dans les publicités à la télévision. À elle toute seule, elle faisait la taille de notre ancienne maison. Spacieuse, suréquipée et d'une propreté irréprochable comme si elle n'avait jamais servi, elle était digne des grands restaurants ou des émissions de recettes de cuisine. Moi qui adore cuisiner, j'étais comme une enfant à qui on venait de faire dix cadeaux de Noël à retardement. C'est une représentante de l'État canadien qui nous a fait visiter notre nouveau foyer. Elle était gentille avec nous et, avec son collègue, ils étaient chargés de notre bien-être. L'un ou l'autre venait nous voir presque tous les jours pour nous aider à organiser notre nouvelle vie. Eisham allait à l'école tous les jours en prenant le bus, et Eisha, qui présente plusieurs handicaps, pouvait enfin être prise en charge par les meilleurs médecins : d'après son docteur, ses jambes vont pouvoir redevenir toutes droites, ce qui va lui permettre de marcher normalement.

Chaque mois, l'État canadien faisait preuve d'une grande générosité en nous donnant assez d'argent pour payer la maison, manger à notre faim, acheter des vêtements confortables, payer les factures de téléphone… mais pas assez pour nous offrir une télévision et une voiture. J'avais dit à Ashiq que cela tombait très bien parce qu'après les sept mois passés en détention à tourner en rond dans une misérable pièce, nous avions considérablement grossi ! Chaque jour nous faisions de grandes promenades pour aller au supermarché qui se trouvait à 3 km de la maison. Il n'y avait rien de mieux pour retrouver la santé que de faire ces longues marches à pied pour faire les courses.

La première fois que nous sommes entrés dans ce supermarché, nous étions sous le choc tant il était énorme avec des produits de toutes sortes, tout aussi gigantesques. J'ignore si c'est comme ça partout en Occident, mais au Canada tout est démesuré : les sandwichs, les steaks, les paquets de frites, les flacons de shampooing et même les chariots. Cela tranchait radicalement avec les échoppes et les épiceries que j'avais toujours connues dans ma province du Pendjab... Aussi étonnant que cela puisse paraître, je n'ai pas eu trop de mal à m'adapter à cette vie occidentale. Mes parents, qui étaient très ouverts d'esprit, nous permettaient de regarder la télévision des pays modernes, et j'avais gardé le souvenir de ces modes de vie. Je savais qu'en Occident on mange toujours avec des couverts, et que tout le monde peut s'habiller comme il le veut sans que cela ne choque personne. D'ailleurs, j'ai abandonné le voile et je pouvais porter des tennis ou des vêtements près du corps sans risquer d'être jugée ni réprimandée. Ashiq, lui aussi, avait troqué son chaloir kameez pour des survêtements à la mode, et il ne pouvait plus s'en passer. Avec sa casquette américaine sur la tête, nous allions dans le centre commercial tous les samedis avec les enfants pour faire ce qu'on appelle du lèche-vitrines, et on adorait ça. On n'achetait pas grand-chose, mais c'était amusant de regarder.

Ici, on se sentait vraiment bien, et même si nous nous sentions très isolés parce que nous ne pouvions parler à personne, pas même aux voisins au risque de nous faire repérer, nous avions le droit de téléphoner. J'occupais donc une bonne partie de mes journées au téléphone avec mon père, avec ma petite sœur Nassima, avec Sidra que j'ai élevée comme ma propre fille… Avec les portables, je pouvais même voir grandir mes petits-enfants. Je remerciais le ciel tous les jours, consolée de pouvoir parler aux miens sans contrainte, en gardant un lien avec mon pays adoré…

Les jours passaient et se ressemblaient. Nous étions tellement heureux de notre petit quotidien sans encombre, sans haine ni menace, loin de cette maudite prison. Puis un soir ordinaire, quelqu'un a frappé à la porte. Personne n'était censé nous rendre visite, et l'angoisse nous a pris. Nos amis responsables de l'État nous prévenaient toujours de leur venue, et personne au monde ne connaissait notre adresse… Qui cela pouvait-il bien être ? Ashiq et les enfants étaient transis de peur, moi aussi et j'ai dit en ourdou : « qui est là ? » Pas de réponse… L'inquiétude montait, nous commencions à devenir très nerveux. Puis, à travers la porte, une voix de femme a appelé : « Ashiq ? » La voix était bienveillante et timide. Ashiq a ouvert la porte et n'a pas crié. Sur le seuil se tenait une grande femme élancée qui affichait un large sourire, et a dit en anglais « Surprise ! » Ashiq lui a fait signe de rentrer et lui a ouvert grand ses bras. Je regardais, estomaquée, cette femme qui avait l'allure d'une girafe, et qui devait faire deux têtes de plus que moi. Même Ashiq semblait tout petit ! Elle tenait un bouquet de fleurs blanches à la main, j'étais rassurée. Ses intentions étaient forcément bonnes et Ashiq devait beaucoup l'apprécier pour la serrer comme ça contre lui. Par-dessus son épaule, elle me regardait en me souriant et j'ai pensé qu'elle devait être la journaliste française qui avait fait connaître mon histoire dans le monde entier. Il me semblait l'avoir vue sur la BBC mais je n'en étais pas certaine, jusqu'à ce qu'Ashiq m'annonce :

— Je te présente Anne-Isabelle Tollet, la journaliste avec qui tu as écrit ton premier livre et qui nous aide depuis 2010.

J'étais à la fois sidérée et émerveillée de la voir dans mon salon, elle m'avait retrouvée ! Sans réfléchir, je l'ai prise dans mes bras en la serrant très fort. J'avais compris qu'en étant la première à se soucier de moi, d'autres allaient prendre le relais et que c'était grâce à cette chaîne humaine que j'avais pu en sortir vivante et libre. Si je ne connaissais pas tous les détails de son engagement, je savais que je lui devais beaucoup. Je lui ai proposé de prendre place sur notre canapé. Assises côte à côte en buvant du thé pakistanais, nous étions à la fois timides et joyeusement émues. On se rencontrait pour la première fois et si sa culture n'avait rien à voir avec la mienne, nos destins s'étaient étroitement entrelacés. Elle me disait que mes cheveux étaient magnifiques et que j'avais l'air très en forme. Je ne savais pas quoi dire, je n'avais pas l'habitude qu'on me fasse autant de compliments. Nous avons beaucoup parlé avec l'aide d'Eisham qui maîtrise bien l'anglais. Anne-Isabelle savait tant de choses sur moi, sur ma vie en prison, sur les rebondissements de mon affaire, je n'en revenais pas. Durant cette belle soirée, nous avons regardé des photos sur internet. Elle avait donné des conférences partout dans le monde pour sensibiliser les gens sur mon sort, et puis j'ai vu des photos d'elle au Pakistan au milieu des manifestations de fanatiques, et avec ma sœur Nassima dans notre maison à Ittan-Walli. Je lui ai dit qu'elle était ma sœur de cœur et que, sans son intervention et celle de Dieu, je serais morte aujourd'hui.

Le lendemain, je l'ai invitée à déjeuner pour lui faire la cuisine. C'était ma manière à moi d'exprimer ma reconnaissance. Je lui ai servi des plats pakistanais dont je connais tous les secrets… et avec des couverts ! J'avais fait attention à ne pas mettre trop d'épices car je sais que les Occidentaux sont très fragiles. Malgré tout, elle est devenue toute rouge, la bouche en feu, et nous avons beaucoup ri.

Elle m'a parlé de l'idée d'écrire ce livre, et j'ai dit oui tout de suite. Nous formions une si belle équipe. Et puis, pour moi qui ne sais pas lire, j'étais bien placée pour savoir qu'un livre pouvait sauver une vie.

Quand Anne-Isabelle a dû repartir pour la France, nous savions que nous allions nous retrouver très vite en Europe. Nous nous envoyons régulièrement des photos sur WhatsApp et nous téléphonons plusieurs fois par semaine.

Je ne remercierai jamais assez le Canada pour son hospitalité, sa générosité et son courage d'accueillir quelqu'un comme moi. Je n'oublierai jamais ce pays ! C'est là que j'ai vu la neige pour la première fois. C'était grandiose, magique, nous étions si heureux de nous rouler tous les quatre dans la poudreuse.

À travers mon témoignage j'aimerais pouvoir aider d'autres personnes qui se retrouvent dans la même situation que moi au Pakistan. Durant dix ans, j'ai souffert, mes enfants ont souffert, et cela a eu un énorme impact sur ma vie. Pour autant, je vous en prie, demeurez fidèles à vos croyances même si vous devez affronter l'épée.

Je remercie la Cour suprême de m'avoir acquittée, mais d'autres ont besoin d'un procès équitable. Le monde doit leur porter de l'attention.

***

Si ce matin du 14 juin, le jour où tout a basculé, l'une de mes filles avait eu de la fièvre…

Si je n'avais pas eu soif…

Si j'avais renié ma religion chrétienne et si je m'étais convertie à l'islam… je ne serais pas là devant vous.

Je ne connais pas de mots assez forts pour vous exprimer ma reconnaissance. Vous m'avez permis de garder le cap, et de ne pas flancher. Vous m'avez donné la force et l'espérance et vous continuez aujourd'hui à m'honorer en me lisant.

میرا نام ایشیا ہے اور میں آپ کی زندگی کا مقروض ہوں۔

Cela signifie dans ma langue : *je m'appelle Asia, et je vous dois la vie.*

Remerciements

Nous tenons à remercier les innombrables personnes qui ont œuvré pour cette libération en particulier Jan Figel pour ses efforts inlassables auprès des autorités pakistanaises.

Muhammad Aman Ullah qui a pris soin de mes enfants et qui n'a jamais cessé de m'encourager pendant les moments de doute.

Salman Taseer et Shahbaz Batti qui ont critiqué la loi du blasphème et qui ont sacrifié leur vie en prenant ma défense.

Je remercie mes amies co-détenues qui me manquent et certains membres du personnel de la prison qui ont fait preuve d'humanité et de bienveillance.

Merci aux agences de sécurité qui m'ont maintenue en vie après ma sortie de prison, et à tous les peuples du monde qui ont prié pour ma libération.

Enfin, ce livre n'aurait pu voir le jour sans le précieux concours d'Isabelle W., Sophie G., Brune, Albéric, Maryam M. ainsi que toute l'équipe des Éditions du Rocher.

Table des matières

IMPRIM'VERT®

Achevé d'imprimer par CPI,
en janvier 2020
N° d'imprimeur : 155769

Dépôt légal : février 2020

Imprimé en France